MÉTHODE D'ARABE

PRATIQUE

à l'usage des

OFFICIERS ET SOUS-OFFICIERS FRANÇAIS

servant dans

les troupes indigènes

Nord-Africaines

MÉTHODE D'ARABE
PRATIQUE

LIEUTENANT NOUAHED AMMAR

MÉTHODE D'ARABE

PRATIQUE

à l'usage

des OFFICIERS et SOUS-OFFICIERS FRANÇAIS

servant

dans les troupes indigènes

Nord-Africaines

Prix : 16 Francs

NIORT

P. NICOLAS, Imprimeur - Editeur

5, Rue Yvers, 5

1927

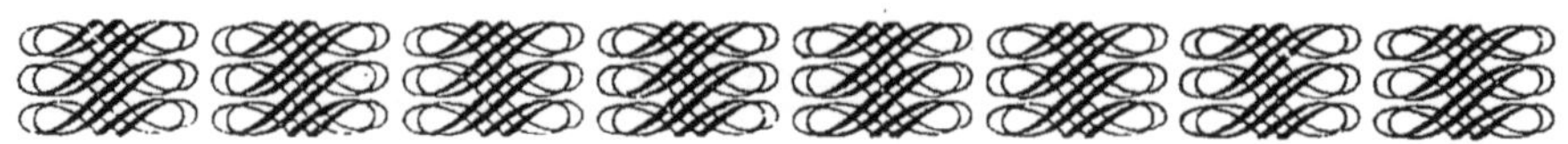

PREMIÈRE PARTIE

1re Leçon

ALPHABET

LECTURE ET ECRITURE

Les Arabes écrivent et lisent de droite à gauche : la dernière page de leurs livres correspond donc à la première des livres européens.

Leur alphabet, qui se compose de 28 lettres, ne renferme que des consonnes.

Dans l'écriture arabe, il n'y a ni lettres majuscules ni ponctuation.

Les lettres qui entrent dans la composition des mots se joignent les unes aux autres, mais les mots ne se lient pas entre eux : chaque lettre de l'alphabet n'a pas une forme particulière ; beaucoup d'entre elles se ressemblent et ne diffèrent que par la place et le nombre des points.

Les 28 lettres de l'alphabet sont :

Nom des lettres	Initiales	Médiales	Finales	Isolées	Valeur suivant la prononciation française
alif	ا	ـا	ـا	ا	A au milieu et à la fin des mots souvent E au commencement.
Ba	بـ	ـبـ	ـب	ب	B
ta	تـ	ـتـ	ـت	ت	T
Tsa	ثـ	ـثـ	ـث	ث	Ts ou Th anglais dur, comme dans thank.
Djim	جـ	ـجـ	ـج	ج	Dj ou simplement j.
H'a	حـ	ـحـ	ـح	ح	H fortement aspiré.
Kha	خـ	ـخـ	ـخ	خ	n'a pas d'équivalent. C'est la jota des Espagnols.
Dal	د	ـد	ـد	د	D
Dzal	ذ	ـذ	ـذ	ذ	Dz, D' ou th anglais faible comme dans that.
Ra	ر	ـر	ـر	ر	R
Zin	ز	ـز	ـز	ز	Z
Sin	سـ	ـسـ	ـس	س	S
Chin	شـ	ـشـ	ـش	ش	Ch comme dans Chine.
Çâd	صـ	ـصـ	ـص	ص	Ç comme dans maçon.
D'âd	ضـ	ـضـ	ـض	ض	D' prononcé avec emphase.
T'â	طـ	ـطـ	ـط	ط	T' fort prononcé comme dans ton.
D'â	ظـ	ـظـ	ـظ	ظ	D' prononcé avec emphase.
A'ïn	عـ	ـعـ	ـع	ع	A ou O fortement prononcé.
R'aïn	غـ	ـغـ	ـغ	غ	R fortement grasseyé.
Fa	ڢـ	ـڢـ	ـڢ	ڢ	F
Quâf	ڧـ	ـڧـ	ـق	ق	Q fortement prononcé ; quelquefois g dur.

Nom des lettres	Initiales	Médiales	Finales	Isolées	Valeur suivant la prononciation française
Kaf	كـ	ـكـ	ـك	ك	K ordinaire.
Lam	لـ	ـلـ	ـل	ل	L —
Mim	مـ	ـمـ	ـم	م	M —
Noun	نـ	ـنـ	ـن	ن	N —
Ha	هـ	ـهـ	ـه	ه	H légèrement aspiré de la poitrine.
Ouaou	و	ـو	ـو	و	Ou — W anglais.
Ia	يـ	ـيـ	ـي	ي	I ou Y.

Les transformations indiquées aux colonnes qui précèdent n'altèrent en rien le corps primitif de chaque lettre. Ce ne sont que des liaisons ou traits de jonction pour faciliter l'union des lettres entres elles. La dénomination d'initiale ne veut pas toujours dire que la lettre commence un mot; car elle devient initiale toutes les fois que celle qui la précède ne peut se joindre à celle que l'on écrit. Il en est de même des finales, qui ne sont pas toujours à la fin d'un mot, mais souvent à la fin d'une syllabe d'un même mot, toutes les fois que la lettre que l'on écrit ne peut se lier à la suivante. Ex. pour les deux cas: ضربة derba « coup ».

2e Leçon

LIAISON DES LETTRES ENTRE ELLES

Les 28 lettres de l'alphabet, lorsqu'elles sont isolées, sont représentées à l'aide de 18 caractères différents, qui sont : ا ب ح د ر س
ص ط ع ف ق ك ل م ن ه و ى

Tous ces caractères peuvent se joindre à celui qui précède de cette manière :

ـا ـب ـحـ ـد ـر ـس ـص ـط ـع
ـف ـق ـك ـل ـم ـن ـه ـو ـى

Remarques : 1° La lettre qui précède le caractère ح se joint à lui au-dessus de la ligne d'écriture ; c'est-à-dire au sommet du caractère ـح et non ـح ; 2° le caractère ع précédé d'une autre lettre prend la forme d'un triangle ـع et non ـع ; 3° le caractère ه, à la fin des mots, prend diverses formes : ـه ـه ; lorsqu'il est surmonté de deux points ة ـة on l'appelle tâ marbouta, c'est-à-dire tâ bouclé.

Le tâ marbouta ne se trouve qu'à la fin des mots ; il donne toujours à la lettre qui précède le son de : a ; il est, en général, la marque du féminin ; mais quand un mot finissant par un ة, est suivi d'un génitif qui en dépend, ce ة sonne t ex. : مكحلة ٱلعسكري « le fusil du soldat » ; prononcez « mouk'helt-el-asskri, lorsqu'il doit être joint à une autre lettre, on l'écrit comme un ـتـ ordinaire. Ex. :
كلْبتنا « notre chienne » prononcez « Kelbetna ».

Des 18 caractères qui servent à représenter les 28 consonnes,

(4 formant six lettres) ne se joignent jamais à la lettre qui suit, ce sont : ا . د (ذ) ر (ز) et و renfermés dans le mot دوار douâr (village). Tous les autres caractères peuvent se lier à la lettre qui suit, mais alors ils perdent leur appendice c'est-à-dire la queue que l'on ajoute à la lettre lorsqu'elle est isolée.

(Les Lettres)

ضضض	ض	ا	ا
ططط	ط	ببب	ب
ظظظ	ظ	تتت	ت
ععع	ع	ثثث	ث
غغغ	غ	ججج	ج
ڢڢڢ	ڢ	ححح	ح
ڧڧڧ	ڧ	خخخ	خ
ككك	ك	د د	د
للل	ل	ذ ذ	ذ
ممم	م	ر ر	ر
ننن	ن	ز ز	ز
ههه	ه	سسس	س
و و	و	ششش	ش
ييي	ي	صصص	ص

Le caractère ل suivi de ا s'écrit ainsi : لا ﻻ ﻻ (ces deux lettres réunies s'appellent lâmalif).

Division des Lettres

On peut diviser les lettres de l'alphabet en lettres qui se prononcent à l'aide des lèvres, lettres qui se prononcent à l'aide des dents, lettres qui se prononcent à l'aide de la langue, etc.

Lettres solaires : 14

Dents : ت et sa forte ط ; د et sa forte ض ;
ذ et sa forte ظ ; س et sa forte ص ;
ش ث ز

Langues : ن ; ل ; ر ;

Lettres lunaires : 14

Lèvres : ب ; ف ; م

Gosier : ك et sa forte ق ; ع ; خ ; غ

Lettres aspirées : ه et sa forte ح

Les lettres ا ، و ، ى sont appelées lettres faibles;

La lettre ج peut être considérée comme double.

NOTA. — Les lettres qui se prononcent à l'aide des dents et de la langue sont appelées lettres solaires, du mot arabe شَمْس (Chèms) signifiant soleil, qui commence par l'une d'elles ; toutes les autres sont appelées lunaires du mot arabe قمر (q'mar) signifiant lune qui commence aussi par une lettre de cette catégorie.

3e Leçon

VOYELLES

L'écriture arabe comprend trois signes spéciaux pour indiquer les voyelles :

1° Le fatha فَتْحَةٌ petit trait placé au-dessus de la consonne ـَ qui donne le son : a.

2° Le Kasra كَسْرَةٌ petit trait placé au-dessous de la consonne ـِ qui donne le son : i.

3° Le damma ضَمَّةٌ sorte de virgule placée au-dessus de la consonne ـُ qui donne le son : ou ; exemples : بَ ba, بِ bi, بُ bou.

Dans l'arabe parlé, on ne prononce presque jamais les voyelles grammaticales des mots.

Lorsqu'une consonne ne sera pas accompagnée d'une voyelle, il faudra l'articuler avec un e muet ; exemples : قتل (q'tel) il a tué ; خدم (khedem) il a travaillé ; رَجل (radjel) homme ; on rencontra quelques mots ayant la terminaison ـًا que l'on prononce ane ou ene ex. : دايمًا (Daïmen) toujours.

La langue arabe n'a pas de voyelles nasales, telles que an, in, etc. ; si l'on rencontre ces sons, il faudra toujours les prononcer ane, ine, etc., on peut considérer les trois lettres ا ى و comme ayant donné naissance aux trois voyelles brèves ـَ ـِ ـُ . Nos voyelles longues, â î, oû, sont rendus en arabe par ces mêmes lettres ex. :

بـو بـي بـا

Le Hamza

Quand l'alif n'est pas une lettre de prolongation mais une consonne qui doit être rendue dans la prononciation par un hiatus spécial, il reçoit un signe appelé le hamza. هَمْزَة

Le hamza qui a la forme d'un petit ع sans appendice ـَءـ ـِءـ est en réalité la première lettre de l'alphabet et l'alif n'en est que le support. Il se rend par une aspiration gutturale, ex. : أَمر (âm'r) (commandement) إِبرة (Ibra) (aiguille) أُذْن (Oudh'n) (oreille).

Le hamza ne peut être placé indifféremment sur toutes les lettres, mais seulement sur ا ى et و

Le Djezm

Le signe qui indique qu'une consonne ne doit pas être lue avec une voyelle s'appelle djezm ou soukoun جزْم ou سُكون; sa forme est celle d'un petit cercle ou croissant. جِبْ (jib) apporte فَرْحان (Ferhân) content.

Le Chedda

Le redoublement d'une consonne ne s'indique point en écrivant deux fois cette consonne, mais en la surmontant d'un signe spécial, le chedda شَدَّة (renforcement) ex. : سَمّ (semm) poison. غشّ (R'och) colère. Ce redoublement doit être nettement senti dans la prononciation.

Il y a deux sortes de chedda :

1° Le chedda nécessaire qui vient toujours après une voyelle brève ou longue et indique le redoublement de la lettre qui le supporte, redoublement dont dépend la signification du mot. Ex. : قتل (quatala) il tua ; قتّل (quat'tala) il fit tuer.

2° Le chedda euphonique qui vient toujours après une consonne sans voyelle. Cette consonne, quoique écrite, n'est pas prononcée pour éviter la cacophonie de la rencontre de deux sons durs analogues. Il se place sur les lettres solaires, après l'article ٱلْ ex. : ٱلدّار (Ed'dar) la maison ; ٱلشّمس (echems) le soleil ; ٱلرّجل (Er'rajel) l'homme.

Ouesla

Quand la voyelle d'un alif au commencement d'un mot doit être absorbée par la dernière voyelle du mot qui précède, on en indique l'élision par le signe ـٰـ placé au-dessus de l'alif, ex. : عبْد ٱلْقادر (Abd-el-kader) lisez : « Abd l'kader » ; باب ٱلْبيت (la porte de la chambre) lisez : « babe l'bite ».

Remarque : lorsqu'un mot commençant par un ouesla se trouve isolé ou le premier d'une phrase, on le prononce dans le langage avec la voyelle, e : ٱشْرب (Ech'reb) bois ; ٱلْكلْب (Elkelb) le chien.

Le Madda

Le madda (مَدَّة) se place sur l'alif pour indiquer que cette lettre tient lieu de deux alifs consécutifs. Ce signe de contraction a la forme d'un alif horizontal ~ ex. : حمرآء (hamrâ) rouge (f.) mis pour : حمراأ

Syllabes

Une syllabe peut se composer : 1° d'une lettre et de sa voyelle : رُ rou, رَ ra ; 2° d'une lettre et de sa voyelle, plus une lettre de prolongation

رُو rou, رَا ra ; 3° d'une lettre et de sa voyelle, plus une lettre portant un djezm : بَرْ bar, صَبْ çab ; 4° d'une lettre et de sa voyelle, plus un chedda رُّ rrou ; رَّ rra.

Exercices de lecture et d'écriture

I

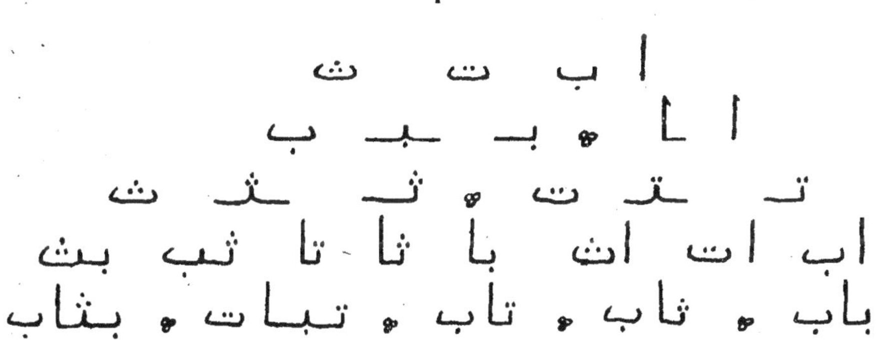

Lettres nouvelles

II

ج ح خ د ذ ر

برج • تاج • حاجّ • جاء • خذا

Il a pris. — Il est venu. — Pèlerin. — Couronne. — Fortin. —

خارج • دار • تاجر • دابد • حرّب

Il a fait la guerre. — Compas. — Commerçant. — Maison. — Dehors

جبد • دبّر • راتب • دابّ • حدّاد

Forgeron. — Ane. — Solde. — Il a conseillé. — Il a tiré.

Lettres nouvelles

III

ز س ش ص ض ط ظ ع غ

ـز • زِدْ • زاد • سار • سرج • حساب

Compte. — Selle. — Il est parti. — Il a ajouté. — Ajoute. — Z.

شريط • شراب • عسّاس • طبطب • طار

Il s'est envolé. – Il a frappé. – Gardien. — Buisson. — Cordon , Galon.

حطب • غشّش • صباح • عبْد • بعد • غراب

Corbeau. — Après.— Esclave. — Matin. — Il a irrité. — Bois.

Joindre ensemble les lettres suivantes pour en faire des mots.

ب ا ب • ب ح ث • ت ا ب • ج ر ا د • ح س ب

Il a compté. — Sauterelle. — Il a cuit. — Enquête. — Porte. —

خ بّ ا ز • ب د أ • ذ ب ح • ر ا س • ز ا ر

Il a visité. — Tête. — Il a égorgé. — Il a commencé. — Boulanger.

س ل ا ح • ش ط ر ب • ر ص ا ص • ع ا ش

Il a vécu. — Plomb, balles. — Fouet. — Armes.

Lettres nouvelles

IV

ف ق ك ل م ن ه و ي

فا في فو ـف • فتّش • فعل • قدّام

Devant.— Il a fait —Il a cherché. —

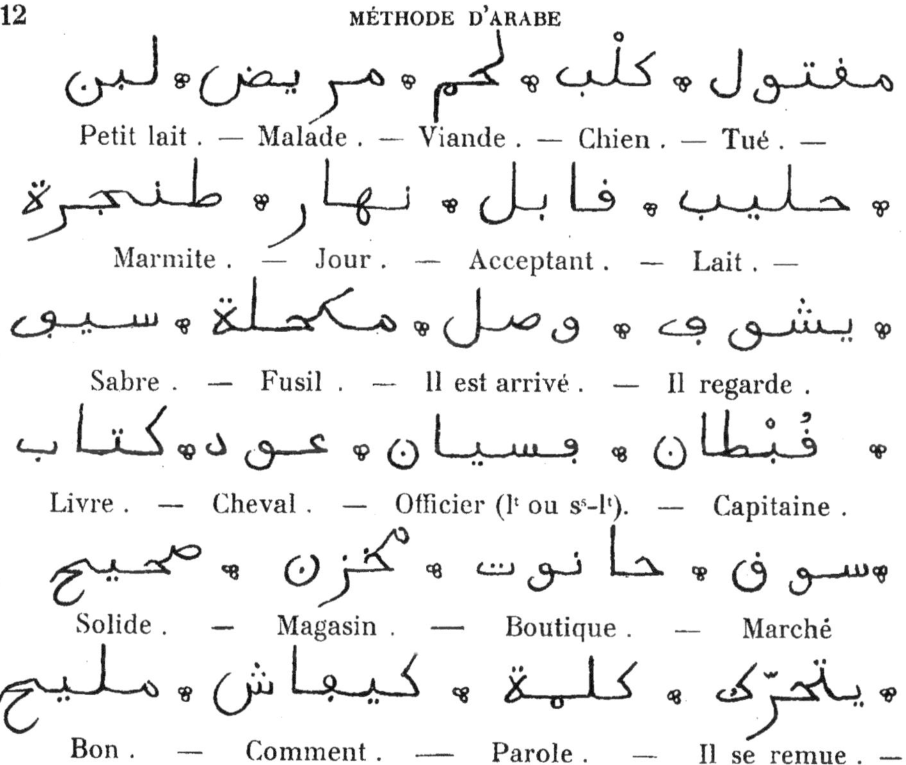

Joindre ensemble les lettres suivantes pour en faire des mots.

ع س ك ر ي • ب س ي ا ن • سُ ل ط ا ن

Sultan . — Officier . — Soldat .

ع و م • م ض ر و ب • ف ر س ا ن

Cavaliers . — Frappé . — Natation .

ق ه و ا ج ي • ت رّ ا س • ف ن ا ر • ا ص ل

Origine . — Lanterne. — Fantassin . — Cafetier .

ع ظ ا م • ا ش ك و ن • ف ر ن س ي س

Français . — Qui ? — Ossements

Lecture et Ecriture

V

ـه ـهـ ه هـ ـهـ آلْ لا لا لا لا ة ڨ(1)

لا لا ، هُوَ ، هُمَا ، آلْهِيه ،

Là-bas . — Eux . — Lui . — Non.

عنده ، لاباس ، بهيمة ، ڨازوز

Limonade . — Anesse . — Il n'y a pas de mal . — Il a

ڨُرط ، آلْبغلة ، آلْجزمة ، آلْغرب

L'occident . — Les bottes , — La mule . — Foin

آلشّرق ، آلظّهرة ، آلْڨبلة ، حجرة

Pierre . — Le Sud . — Le Nord — l'Orient

آلابري ، شاشية ، آلاصحاب

— Les camarades . — Chéchia . — Les aiguilles .

غازية ، ساڨية ، لازم ، ظلام

— Obscurité . — Obligatoire. — Canal — Razzia .

الواد ، آلحدّ آلغابة كتيبة

Ecriture . — La Forêt . — La Lisière . — La Rivière.

(1) Dans le présent ouvrage le ڨ (q) surmonté de trois points se prononcera g dur.

Joindre ensemble les lettres suivantes pour en faire des mots.

VI

م ر ج ة • غ ا ل ي • غ ا ف ل • ع ه د

Pacte . — Inattentif . — Cher . — Marécage

ح زْ ب • م ر ا ب ط • م س ل م ي ن

Musulmans . — Marabout . — Guerre

ث ن يّ ة • ك ي ف • ق و م • ف شّ

Effets (linge). — Goum . — Comme . — Col, défilé

م غ ر ب ي • م ر س و ل • م ر ه و ن

Otage . — Envoyé . — Marocain

4e Leçon

DE L'ARTICLE

En arabe il n'y a qu'un seul article, c'est le mot ٱلْ (El) qui signifie tout à la fois : le, la, les.

Le genre et le nombre sont indiqués par la forme même du mot. Il fait corps avec le nom. Ex. : ٱلْكَلْب (El-kelb) le chien ;

اَلْكَلْبَة (El-kelba) la chienne ; اَلْكِلَاب (El-kleb) les chiens ; اَلْكَلْبَات (El-Kelbate) les chiennes.

Le ل de l'article s'assimile dans la prononciation à la lettre qui le suit quand cette lettre est une lettre solaire, ex. : اَلرَّمل er-rmal (pour el-rmal) « le sable » اَلرَّجل er-radjel (pour el-redjel) « l'homme » اَلشَّمس echemss (pour el-chemss) « le soleil ».

On voit que les lettres solaires peuvent prendre le signe du redoublement ّ quand elles sont précédées de l'article.

Les prépositions في (fi) « dans » عَلَى alà « sur » suivies de l'article se prononcent (fel... alel...) ex. : في اَلكتاب felktab, dans le livre, et non : fi elketab ; عَلَى اَلْبغل alelbrel, sur le mulet et non : alâ albrel.

Il n'existe pas d'articles indéfinis : un, une, des, ex. : رَجل « un homme », مراة « une femme », ديار diar « des maisons », رجال rejal « des hommes ».

Mots

kas كاس « verre »
tabla طابلة « table »
brel بغل « mulet »
qareâ قرعة « bouteille »
fennjel فنْجل « tasse »
âoud عود « cheval »
dâr دار « maison »

qobtane قُبْطان « capitaine »
askri عسكري « soldat »
taqa طاقة « fenêtre »
moukehla مكحلة « fusil »
chaqour شاقور « hache »
mous موس « couteau »
kabous كابوس « pistolet »

Version

ٱلْعَسْكَرِي ، قُبْطَان ، ٱلْقُبْطَان ، دَار ، ٱلدَّار

Ed'dar . — dar . — el-qobtane . — qobtane . — el-askri . —

طَاقَة ، ٱلطَّاقَة ، مَكْحَلَة ، ٱلْمَكْحَلَة ، عَسْكَرِي

askri . — El-moukehla. — moukehla . — Et'taqa . — taqa . —

ٱلْمُوس ، شَاقُور ، ٱلشَّاقُور ، كَاس ، ٱلْكَاس

el-kas . — kas. — Ech'chaqour . — chaqour . — El-mous . —

طَابْلَة ، ٱلطَّابْلَة ، مُوس

mous . — et'tabla . — tabla . —

Thème

Un cheval, le cheval; un mulet, le mulet; une mule, la mule; une tasse, la tasse; un verre, le verre; une bouteille, la bouteille; un sabre, le sabre; un fusil, le fusil.

5e Leçon

GENRES

Il y a deux genres en arabe, le masculin et le féminin.

Sont du genre féminin :

1° Les mots indiquant un être de ce sexe :

بِنْت bente « fille » ; أُخْت okht « sœur » ; أُمّ ôm « mère » ;

عروس ârous « mariée » (nouvelle).

2° Presque tous les mots terminés par ة تامربوطة « ta marbouta», ex. : كلبة kelba « chienne »; مراة mera « femme »; شعرة chaâra « cheveu »; ضربة derba « coup ».

3° Les mots qui indiquent une partie double du corps : رجل rejel « pied » ; كراع Keraâ « jambe » ; يد ièd « main ».

4° Un certain nombre de substantifs dont voici les plus usités : أرض ard' « terre »; دار dar « maison »; شمس chemss « soleil »; نار nâr « feu ; نفس nefss « âme »; كرش Kerche « ventre »

Formation du féminin

Pour former le féminin dans les substantifs, les adjectifs et les participes on ajoute au masculin le ة (ta marbouta) ou t lié, à cause de ses deux extrémités liées ensemble. Ce ta marbouta ajouté au masculin donne le son a, à la dernière lettre du mot.

Masculin		*Féminin*		
كلب	Kelb « chien »	Kelba	كلبة	« chienne »
بغل	berâl « mulet »	berela	بغلة	« mule »
عود	âoud « cheval »	âouda	عودة	« jument»
مضروب	madroub « frappé »	madrouba	مضروبة	« frappée »
جديد	jedid « neuf »	jedida	جديدة	« neuve »
ضارب	dâreb « frappant »	dârba	ضاربة	« frappant «
قديم	qdim « vieux »	qdima	قديمة	« vieille »
نضيف	n'd'if « propre »	nd'ifa	نضيفة	« propre »

Remarque. — I Lorsqu'un mot terminé par un ة (ta marbouta) en gouverne un autre, ce ة se prononce at ou et ; ex :

مكحلة العسكري mokehelt-el-askri « le fusil du soldat »

بشطولة القبطان bachtoulet-el-qobtane « le pistolet du capitaine ».

Exercice

Former le féminin des mots suivants :

جدّ . قاطّ . حمار . صغير كبير عربي مسكين

Meskine . — ârbi . — Kebir . — çeghir . — hemar . — qat't . — jed'd .

واحد خديم عريض مقتول قاتل حبيب عاقل

âqel . — habib . — qatel . — maqtoul . — ârid' . — khdim . — ouahed

فرحان مليح زوج

Zouj . — melih . — ferhane

———

6e Leçon

RAPPORT D'ANNEXION

On dit que deux noms sont en rapport d'annexion quand l'un est le complément de l'autre, ex. : سكين الفسيان sekine el-fessiane « le sabre de l'officier. »

Lorsqu'un substantif a un ou plusieurs compléments joints en français par la préposition de, on ne met pas en arabe l'article au premier substantif et l'on ne traduit pas la préposition de ; s'il y a plusieurs substantifs, le dernier seul prend l'article s'il est déterminé, ex. :

خُبْز ٱلعسْكري khobz el askri « le pain du soldat »

مفْتاح باب ٱلبيت meftah bab el bit « la clef de la porte de la chambre »

Indéterminé :

سكين ڢسيان sekine fessiane « un sabre d'officier »

خُبْز عسْكري khobz askri « un pain de soldat »

مفْتاح بيت meftah bit « une clef d'une chambre »

مفْتاح باب بيت سارجان meftah bab bit serjane « une clef d'une porte d'une chambre d'un sergent... »

Mots

askri	عسْكري	« soldat »	khobz	خُبْز	« pain »
aïne	عين	« fontaine »	fessiane	ڢسيان	« officier » (Lt ou s.-Lt)
serjane	سارجان	« sergent »	taqa	طاقة	« fenêtre »
banke	بنْك	« banc »	qobtane	قُبْطان	« capitaine »
çebbat	صبّاط	« soulier »	serj	سرج	« selle »
kârêt	كاغط	« papier »	tabla	طابلة	« table »
jenane	جنان	« jardin »	bit	بيت	« chambre »
kourssi	كُرسي	« chaise »	mâ	ماء	« eau »
« salle à manger » bit el makla		بيت ٱلماكلة	« sergent fourrier » serjane fourrie		سارجان ڢوري
joudane	جودان	« adjudant »	gort	قُرط	« fourrage »

Version

كلْب ٱلقُبْطان ، خُبْز كلْب ٱلقُبْطان ، قُرط ٱلعود

gort el-âoud . — khobz Kelb el-qobtane . — Kelb el-qobtane

بيت ٱلماكلة ، طاقة بيت ٱلسّارجان ، صبّاط ٱلعسْكري

Sebat el-askri . — Taquet bît es'serjane . — bît el-makla . —

كاغط ٱلفسيان ، جنان دار ، عودة ٱلقايد

aoudet el-qaïd. — jenane dar . — Karet el-fessiane

سرج عودة ٱلقايد

— Serj aoudet el-qaïd .

Thème

Le banc de la salle à manger. — Le soulier d'un soldat. — La porte d'une maison. — La selle du cheval du capitaine. — La chaise de l'officier (Lieut[t]. ou S.-Lieut[t].). — La table de la salle à manger. — La fenêtre de la salle de bain. — Le papier de l'adjudant. — La table du sergent fourrier.

7e Leçon

ACCORD DE L'ADJECTIF

1° L'adjectif se place toujours après le substantif.

2° Il s'accorde avec lui en genre et en nombre.

3° Il prend l'article si le substantif est déterminé, ex. : طابلة كبيرة

tabla Kebira « une grande table » ; الطّابلة الكبيرة et tabla el-kebira « la grande table » (mot à mot, la table la grande).

سروال جديد seroual jedid « un pantalon neuf »

السّروال الجديد es'seroual ej-jedid « le pantalon neuf » (mot à mot le pantalon le neuf).

Adjectifs qualificatifs

Le verbe être, comme copule, c'est-à-dire comme mot liant le sujet d'une proposition à son attribut, ne se traduit pas en arabe au présent, ex. : la table est grande, on dira : الطّابلة كبيرة et-tabla kebira, la table grande (est, sous entendu). Il y a lieu de remarquer que l'attribut ne prend pas l'article.

Mots

« grand »	كبير	kebir	« beau »	مليح	melih
« petit »	صغير	çeghir	« jardin »	جنان	jenane
« court »	قصير	qcir	« soulier »	صبّاط	cebât
« long »	طويل	touil	« chaud »	سخون	sekhoune
« large »	عريض	ârid'	« froid »	بارد	barèd (adj.)
« solide »	صحيح	çhih	« café »	قهوة	kahoua
			« rue »	زنقة	zaneqa

Version

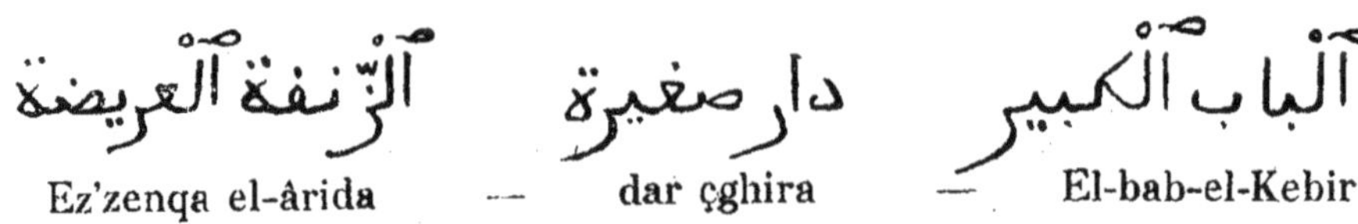

باب كبير — العودة المليحة — الدار الصغيرة

Ed'dar eç çeghira . — El-âouda el-meliha . — bab Kebir

العود المليح — الباب كبير — دار صغيرة — واد عريض

Oued ârid' . — dar çghira . — El-bab Kebir . — el-âoud el-melih

الدار صغيرة — عود مليح — الواد العريض — زنقة عريضة

Zenqa ârid'a . — el-ouad el-ârid' . — âoud melih . — ed'dar çghira

عسكري صحيح — الزنقة عريضة — العسكري الصحيح

El-askri aç'çahih . — Ez'zenqa arid'a . — askri çhih . —

Thème

Un grand soulier. — Le sabre est long. — Le grand soulier. — L'eau est chaude. — Un café froid. — Le soulier est grand. — Une eau chaude. — Le café est froid. — Le long sabre. — Un papier écrit. — L'eau chaude — Un long sabre. — Le café froid. — — Le papier est écrit. —

8e Leçon

PRONOMS COMPLÉMENTS OU PRONOMS AFFIXES

شَابَكُمْ

شُبْ قدّامك

ضربني

اَلطّابلة عليها
قرعة وكاس

Les pronoms compléments ou affixes consistent dans les sept syllabes suivantes :

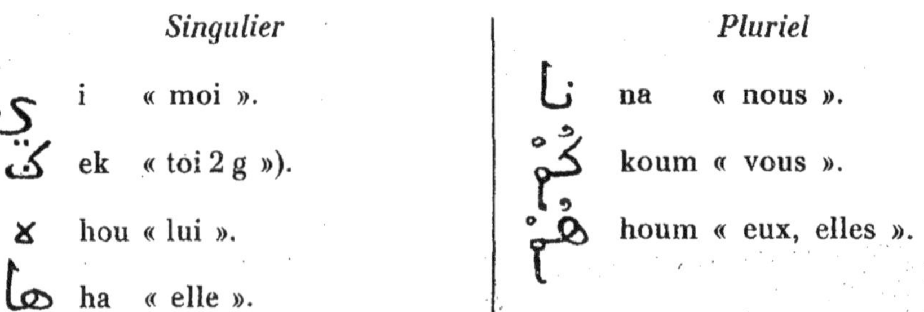

Singulier			*Pluriel*		
ي	i	« moi ».	نا	na	« nous ».
كَ	ek	« toi 2 g »).	كُمْ	koum	« vous ».
ه	hou	« lui ».	هُمْ	houm	« eux, elles ».
ها	ha	« elle ».			

Ces syllabes ne s'emploient jamais isolément ; elles s'ajoutent aux substantifs pour exprimer la possession, aux verbes et aux prépositions pour rendre les pronoms compléments directs ou indirects.

Pronoms affixes possessifs :

Lorsque les pronoms affixes sont joints à des substantifs, ils tiennent lieu d'adjectifs possessifs.

بيت bît « chambre »

Singulier

Bîti بيتي « ma chambre » la chambre de moi
Bîtek بيتك « ta chambre » la chambre de toi
Bîtou بيته « sa chambre » la chambre de lui
Bitha بيتها « sa chambre » la chambre d'elle.

Pluriel pour les 2 genres

Bîtna بيتنا « notre chambre » la chambre de nous
Bîtkoum بيتكُمْ « votre chambre » la chambre de vous
Bîthoum بيتهُمْ « leur chambre » la chambre d'eux, d'elles

NOTA. — Lorsque les pronoms affixes sont joints à un mot terminé par une voyelle ou par une lettre de prolongation ا — و — ى on prononce le (îa) de la 1re personne avec le son a « ia ». Le ه « ha » de la 3e personne du masculin singulier comme s'il portait un djezm, ex. : بو bou « père » بويَ bouia « mon père » في fi « dans » فيه fih « dans lui ».

Exercice

S'exercer à la déclinaison avec les mots suivants :

« chien »	كَلْب	kelb	« mulet »	بغل	beral
« pain »	خُبْز	khobz	« couteau »	موس	mouss
« maison	دار	dar	« jument »	عودة	âouda

9e Leçon

PRONOMS AFFIXES JOINTS A UN VERBE

Lorsque les pronoms affixes sont ajoutés à des verbes, ils correspondent à nos pronoms personnels, me, te, le, la, etc., compléments directs. Mais à la première personne le pronom affixe ي « i » se rend par

ني « ni » ex. : ضرب d'rab « il a frappé »

Singulier

Drabni	ضربني	« il m'a frappé » il a frappé moi.
Darbek	ضربك	« il t'a frappé » il a frappé toi (p. les 2 g.)
Darbou	ضربه	« il l'a frappé » il a frappé lui
Drabha	ضربها	« il l'a frappée » il a frappé elle

Pluriel pour les 2 genres

Drabna	ضربنا	« il nous a frappés » il a frappé nous
Drabkoum	ضربكُمْ	« il vous a frappés » il a frappé vous
Drabhoum	ضربهُمْ	« il les a frappées », il a frappé eux, elles.

Exercice

S'exercer à la déclinaison des verbes suivants :

« il a fait entrer »	دخّل	dakhel	« il a tué »	قتل	qtel
« il a vu »	شاف	chaf	« il a tiré »	جبد	jbed
« il a touché »	مسّ	mess	« il a fait tourner »	دوّر	daouar
« il a porté »	رفد	rfèd			

Pronoms affixes joints à des prépositions

Les pronoms affixes joints à des prépositions traduisent les pronoms personnels : moi, toi, lui, etc., compléments indirects, ex. :

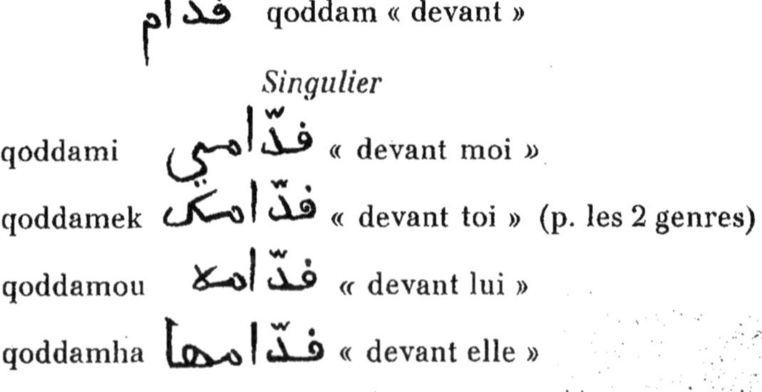

قدّام qoddam « devant »

Singulier

qoddami	قدّامي	« devant moi »
qoddamek	قدّامك	« devant toi » (p. les 2 genres)
qoddamou	قدّامه	« devant lui »
qoddamha	قدّامها	« devant elle »

Pluriel

qoddamna	قدّامنا	« devant nous »
qoddamkoum	قدّامكُمْ	« devant vous »
qoddamhoum	قدّامهُمْ	« devant eux, elles »

Mots

« sac »	شكارة	chekara	« salut »	سلام	sallam
« regarde »	شُوفْ	chouf	« dos »	ظهر	d'har
« montagne »	جبل	jebel	« avec »	ب	bi
« main »	يد	ied	« derrière »	ورَا	oura
« tête »	راس	râs	« route »	طريق	tarig
« pied »	رْجل	rjel	« va »	أمْشِ	amchi

Version

ضربني عَلَى راسي • شافكُمْ فِي جنانه • مسّها بيده

Messha biyadou . — chaf koum fi jenanou . — d'rabni âla rassi

دخّلكُمْ فِي داره • دوّرنا • جبدك • رفد هُمْ عَلَى ظهره

Rfed houm âla th'ahrou . — jebdek . — daoûrna . — dakhalkoum fi darou

آلسّلام عليكُمْ • قتلها بموسه • رفد هُمْ على بغلهُمْ

Rfed houm âla berelhoum . — qatal ha bimoussou . — Es sallam alikoum

شافنا كُمْ قدّامهُمْ • الواد قدّامكُمْ

El-ouad qoddamkoum . — chefnakoum qoddamehoum

ورانا دار كبيرة

Ourana dar kebira. —

Thème

Que le salut (soit) sur vous ! (salutation). — Il t'a frappé avec son fusil. — Regarde devant toi. — Le chemin (est) devant vous. — La montagne (est) derrière nous. — Leur pain (est) sur le mulet. — Marche devant eux. — Regarde derrière elle. — Sur eux. — Sur nous. — Sur la table. — Dans la chambre. —

10e Leçon

DU VERBE AVOIR

Le présent du verbe avoir s'exprime par la préposition عنْد ând, qui veut dire chez, suivie des pronoms affixes ce n'est donc pas un verbe proprement dit, ex. :

Singulier	ândi	عنْدي	« j'ai ou chez moi »
	ândek	عنْدك	« tu as ou chez toi »

Singulier	ândou	عنده	« il a ou chez lui »
	ândha	عندها	« elle a ou chez elle »
Pluriel	ândna	عندنا	« nous avons ou chez nous »
	ândkoum	عندكم	« vous avez ou chez vous »
	ândhoum	عندهم	« ils, elles ont chez eux, chez elles »

Du verbe être

Le présent du verbe être s'exprime par la syllabe را (ra) suivie des pronoms affixes, ex :

Singulier			*Pluriel*		
Rani	راني	« je suis »	Rahi *ou* Raha	راهي راها	« elle est »
Rak	راك	« tu es »	Rana	رانا	« nous sommes »
Raki	راكِ	« tu es » fém.	Rakoum	راكم	« vous êtes »
Rah	راه	« il est »	Rahoum	راهم	« ils ou elles sont »

La forme de politesse vous, en s'adressant à une seule personne, n'existe pas en arabe il faut donc la rendre par la 2e personne du singulier.

De la forme négative

Pour traduire la négation on place le mot ما (mâ) avant le verbe ou le mot qui en tient lieu, et le mot شي (chî) après, ex. :

عندي مكحلة ândi moukehla « j'ai un fusil »

ما عندي شي مكحلة mâ ândich moukehla « Je n'ai pas de fusil » ; on peut aussi prononcer (che).

De l'interrogation

Pour rendre l'interrogation on place la particule شي (chi) après le verbe ou le mot qui en tient lieu. Cette particule se supprime si la phrase contient déjà un mot interrogatif.

عندهمْ شي الخبز ândhoum chi el-khobz « ont-ils du pain ? »

أش عنده ach andou « qu'a-t-il ? » أش ach « comme, que, qu'est-ce, etc. »

La conjonction et se traduit en arabe par و « ou » ex. :

عندك سروال و قمجة ândek serroual ou qmejja « tu as un pantalon et une chemise ».

La conjonction et, se met dans une énumération après chaque substantif à partir du second.

Les adverbes d'affirmation et de négation se rendent par les mots suivants :

نعم سيدي	naâm sidi	(cette formule est plus élégante)
إيه ياسيدي	îh ia sidi	oui, monsieur.
لا ياسيدي	la ia sidi	non, monsieur.
لا لا ياسيدي	la la ia sidi	

Les arabes, pour appeler, emploient souvent l'interjection, يا (ia) qui signifie, ô !, écoute ! suivie du nom de la personne, ex. :

يا عبْد الله ia Abd allah « hé, ô Abdallah ».

يا علي ia Ali « ô Ali ».

يا سليمان ia Slimane « ô, Slimane ».

Remarque. — Le verbe être est souvent supprimé en arabe ;

ex. ما ني شي مريض ma ni chi mrid, pour ما راني شي مريض « je ne suis pas malade ».

Mots

« apporte »	جِبْ	jib	« sucre »	سكّر	sokker
« prends »	خُذْ	khod'	« café »	قَهْوَة	qahoua
« viande »	لحم	lahem	« le bois »	حطب	htab
« plume » *pour écrire*	قلم	qlem	« verre » (à boire)	كاس	kas
« source »	عين	âïn	« tasse »	فنْجال	fenjal
« où »	واين	ouïn	« il a bu »	شرب	chrab
« puits »	بير	bir			

Version

عنْدهُمْ شي آللّحم • نعم سيدى عنْدهُمْ آللّحم

Naâm sidi andhoum el-lahem . — andhoum chi el-lahem

ما عنْدنا شي آلموس • عنْدها خُبْزها • راكُمْ في جنانكُمْ

rakoum fi jenane koum . — ândha khobzha . — ma àndna chi el-mous

راهي مريضة • راه مريض • خُذْ آلبغل وجِبْ آلحطب

khod' elbral ou jib el-htab. . — rah mrid' . — rahi mrid'a

خُذْ قلم آلفسيان وكاغطه • يا علي جِبْ القَهْوَة وآلسّكر

ia Ali jib el-qahoua ou es-sokker. — khod' qlem el-fessiane ou kartou

عنْدك شي كاس • لا ما عنْدي شي كاس عنْدي فنْجال

la ma ândich kas ândi fendjal — andek-chi kas

عنْدنا عود وبغل وحمار • ما راه شي في داره

Ma rah chi fi darou — andna âoud ou brel ou hmar

Thème

Apporte ma plume et mon papier. — Le cheval a-t-il bu? Non..... il n'a pas bu. — Avez-vous une source dans votre douar? Non monsieur, nous avons un puits. — Abdallah apporte un verre et une tasse. — Où êtes-vous? Nous sommes dans la salle à manger. Est-il malade? non, monsieur, il n'est pas malade. — Prends la viande, le sucre et le café. —

11e Leçon

La particule شي (che ou chi) se supprime quand il y a deux négations dans la même phrase ou lorsque cette dernière contient un mot négatif, ex. :

ما عنْدي لا عود لا بغل ma ândi la âoud la brel « Je n'ai ni cheval ni mulet ».

ماعنْدي حتّى سرج ma ândi hatta serj « Je n'ai aucune selle »

ما عنْدهُمْ حتّى واحد ma ândhoum hatta ouahed « Ils n'ont personne » (pas même un).

ما عنْدها حتّى شي وحتّى حاجة ma andha hatta chï *ou* hatta haja « elle n'a rien ».

Pronoms démonstratifs

			OBJETS ÉLOIGNÉS		
« celui-ci »	هذا	hada			
« celle-ci »	هذه وهذي	hadi	« celui-là »	هذاك	hadak
« ceux-ci, celles-ci »	هذوا	hadou	« celle-là »	هذيك	hadik
			« ceux-là, celles-là »	هذوك	hadouk

Adjectifs démonstratifs

Ce sont les mêmes mots que les pronoms démonstratifs, seulement ils sont suivis de l'article et se prononcent invariablement had, ex. :

هذا آلعسكري had el-asskri « ce soldat »
هذا آلعود had el-âoud « ce cheval »
هذوا آلرّجال had er-rejal « ces hommes », etc.

Après les pronoms démonstratifs, le verbe être est sous-entendu, ex. :

هذا عودي hada âoudi « celui-ci (est) mon cheval »
هذه بيتي hadi biti « celle-ci (est) ma chambre », etc.

Pour traduire en arabe, celui, celle, on répète le substantif, ex. : mon cheval et celui du capitaine on dira :

عودي وعود آلقُبْطان âoudi ou âoud el-qobtane
خُبْز مبْروك وخُبْز عمّار khobz Mabrouk ou kobz Ammar « Le pain de Mabrouk et celui de Ammar ».

Pour traduire en arabe le voici, la voici, les voici, on dit : هاهو hahou. هاهي hahi. هاهُمْ hahoum.

Mots

ach men أَش من « quel, quelle, quels, quelles, employés pour désigner la qualité, l'espèce »

bi بِ « avec » par, (au moyen de)

m'â مع « avec, en compagnie de »

l' ل « à, vers »

chârreb شرّب « il a fait boire »

mcha مشى « il est allé »

ouila وإلّا « ou bien »

qdim قديم « vieux »

souasoua سوا سوا « bien »

halib حليب « lait »

jab جاب « il a apporté »

khd'a خذا « il a pris »

khdem خدم « il a travaillé »

abïed أَبْيَض « blanc »

ahmar أَحْمَر « rouge »

bach باش « avec quoi ? »

chachïa شاشية « coiffure musulmane »

mlih مليح « bien, bon »

chrab شراب « vin »

chaf شاف « il a vu »

triq طريق « route »

Version

جاب لي هذا ٱلعود ٠ ما خدمه شي بهذا ٱلموس

Ma khademou chi bihad' el-mous . — jàb li had' el-âoud

خدمه بهذاك ٠ مشى معي و معك

mcha maâïa ou maâk. — khadhmou b'had'ek.

جاب لهُمْ ٱللحم وٱلخُبْز ٠ جاب لي ٱلصّباط

Jab li eç-çabbat . — Jab l'houm el-lahem ou el-khobz.

مشى لداره • مامشى شي لداره • ما جاب لكُمْ حتّى شيء

Ma jab l'koum hatta chaï. — ma mechach l'darou . — mecha l'darou

أش من مكحلة خذا • خذا مكحلة عمّار

Khd'a moukehelt âmmar . — ach men moukehla khd'a

هذه وإلّا هذيك • مامشى لا مع هذا لا مع هذاك

Ma mcha la m'â hada la m'â hadak . — Hadi ouila Hadik

ما خدم شي مليح • ما خدم شي سوا سوا

Ma khdem chi souasoua. — ma khdem chi mlih . —

ماعنْدهُمْ لا قَهْوَة لا سكّر • عنْده شي الحليب

andouchi el-halib. — — ma andhoum la qahoua la sokker

ماعنْدهُمْ لا حليب لا شراب • جِبْ لنا الماكلة

jib lina el-makla . — ma andhoum la halib la chrab

جِبْ لهُمْ الشّراب • خُذْ شاشيتك • شاشيتك جديدة

chachitek jedida. — Khod'chachitek. — jib l'houm ech-chrab

Thème

Il a bien travaillé. — Il n'a pas bien travaillé. — Hé! ammar, apporte-nous le café et le sucre. — Il n'a rien pris. — Quelle mule a-t-il amenée? Il a amené celle-ci. — Avez-vous ce cheval? Nous n'avons pas celui-là. — Il n'a vu personne dans cette maison. — Il n'a vu personne sur cette route. — Ils n'ont ni viande, ni pain. — Quel cheval a-t-il fait boire? Il n'a fait boire aucun cheval. — Il n'a rien fait (travaillé). — Amène mon cheval et celui de l'officier. — Quel vin as-tu ? J'ai du vin blanc et du vin rouge. — Qu'as-tu dans la main ? — Es-tu malade ? Avec quoi l'a-t-il frappé ? Il est allé dans ce douar. —

12e Leçon

PRONOMS ISOLÉS (OU PERSONNELS SUJETS)

Singulier

« je, moi » أَنا ana « il, lui » هُوَ houa

« tu, toi » أَنْتَ anta « elle » هِيَ hïa

« tu, toi féminin أَنْتِ anti

Pluriel

ahna أَحْنا « nous »

antoum أَنْتُمْ « vous »

houm, houma هُمْ • هُمَا « eux, ils, elles ».

1° Les pronoms personnels sont sujets quand ils s'emploient isolément ou comme premier terme de la proposition, ex : أَنا مريض ana mrid' « je suis malade » هُوَ houa « lui ».

2° Le verbe être est souvent sous-entendu dans une phrase construite avec un pronom personnel, comme dans la phrase précédente : ana mrid' أَنامريض « je (suis) malade ».

3° Quand il y a dans la même phrase deux pronoms personnels sujets on les réunit par la conjonction و ou (et), ils se placent alors dans leur ordre naturel. Le second est rendu par le pronom affixe correspondant précédé du mot يا ia (ex. : toi et moi) أَناويّاك ana ou iak (vous et moi) أَناويّاكُمْ ana ou iakoum.

Mots

achkoun أشكون « qui ? »

amechi آمْشِ « va »

Bezzaf بالزّاف « beaucoup »

âïane عيّان « fatigué »

arouah ارْوَح « viens »

hna هنا « ici »

chouïa شويّة « peu »

d'reb ضرب « il a frappé »

Ferhâne فرحان « content »

ala khater على خاطر « parce que »

Yasser ياسر « beaucoup »

Version

أنا ويّاه في هذه الدّار . أشكون معك في هذه الدّار

achkoun maâk fi had' eddar . — ana ou iah fi had 'eddar

أشكون مشى معكُمْ . عبد القادر مشى مَعَنا

abdelkader mcha mâana . — achkoun mcha maâkoum

آمْشِ أنْتَ ويّاه في هذا الدّوار . أنا راني عيّان بالزّاف

ana rani âïane bezzaf . — amchi anta ou iah fi had'ed-douar. —

أنْتَ راك مريض شويّة . جِبْ هذا العود معك

jib had'el âoud maâk . — anta rak mrid'chouïa . —

أشكون ضربك . هذا العسكري راه فرحان عَلى خاطر خدم مليح

had'el askri rah ferhâne àla khater khedem melih. — achkoun d'erbek. —

واينك . واين راك . واين راهُمْ . واينهُمْ

ouïne houm . - ouïne rahoum . — ouïne rak . — ouïnek. —

ارْوَح أنْتَ ويّاهُمْ . ما مشى شي معه على خاطر مريض

ma mcha chi mâah ala khater mrid' . — arouah anta ouïahoum

شافهُمْ هُوَ ويّاها في هذه الطّريق

chaf houm houa ou ïaha fi had'ettriq

Thème

Es-tu malade ? Qui t'a frappé ? Lui. Nous sommes entrés lui et moi (moi et lui) dans ce jardin. Il est allé avec eux dans ce douar. Il n'a pas beaucoup travaillé. — Lui et eux. — Lui et elle . — Nous sommes vous et nous (nous et vous) dans cette chambre. — Ce cheval est pour lui et toi (toi et lui) Qui a apporté le pain ? Nous. — Qui est dans cette chambre ? Eux. — Avec qui est-il allé ? Il est allé avec Abdelkader. Viens ici ! Viens avec lui.

13e Leçon

EMPLOI DES PRÉPOSITIONS :

VOICI. – VOILA

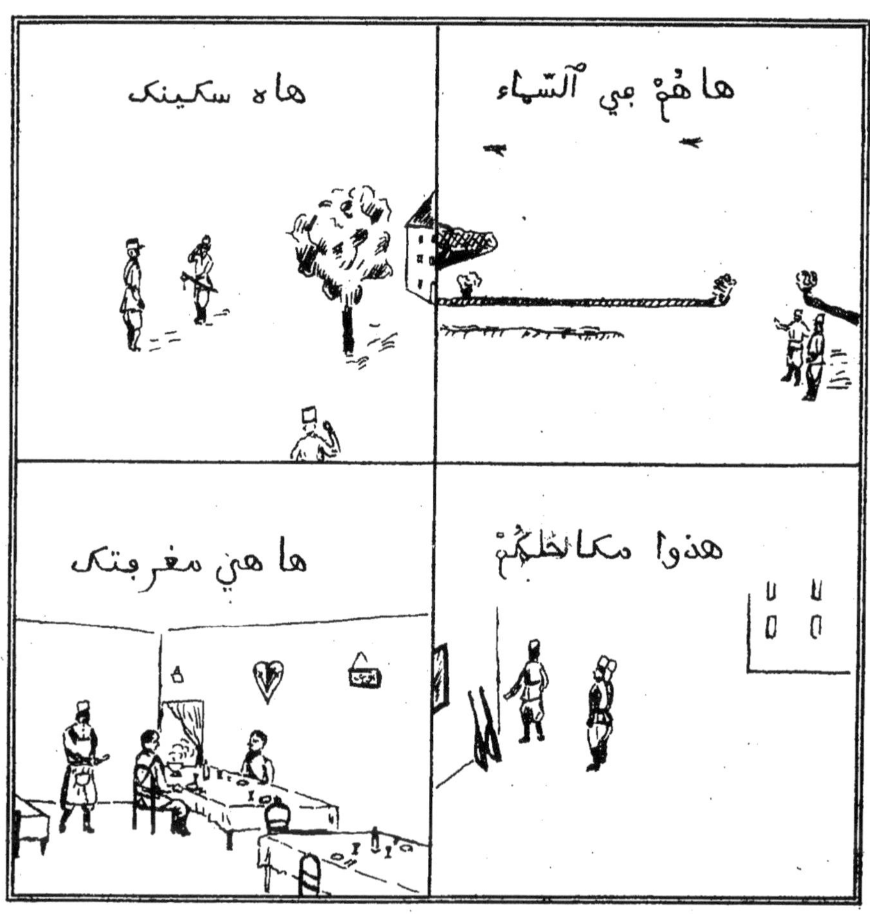

Les prépositions, voici, voilà, sont traduites en arabe par le mot ها (hâ) suivi du pronom affixe correspondant, ex. :

hani هاني « me voici, me voilà »
hak هاك « te voici, te voilà »
hahou هاه « le voici, le voilà »
hahi هاهي « la voici, la voilà »
hâna هانا « nous voici, nous voilà »
hakoum هاكُمْ « vous voici, vous voilà »
hahoum هاهُمْ « les voici, les voilà, eux, elles »

Ces prépositions remplacent souvent le verbe être au présent de l'indicatif, ex. : هاني هنا. (hani hena) « me voici, je suis ici) هاك قدّامه hak quoudamou « te voici) tu es devant lui » هاهُمْ وراء الواد hahoum oura l'oued « les voilà (ils sont) de l'autre côté de la rivière » هاهي في الطّاقة hâhi fettaqua « la voilà (elle est) à la fenêtre. »

Le verbe être suivi des pronoms affixes peut ne pas être exprimé ; ainsi pour dire il n'est pas là on dira : ما هوشي هنا mâ hou chi hena. — au lieu de dire ما راهشي هنا (ma rahou chi hena).

Mots

ouaïne واين « où »
fougue فوق « sur »
elhîh الهيه « là-bas »
themm ثَمّ « là »
qabrane قبْران « caporal »
amchi آمْش « marche ! »
chouf شُوف « regarde ! »
atlâ آطلع « monte ! »

roûd bâlek رُدّ بالك « fais attention »

roûdou balkoum رُدّوا بالكُمْ « faites attention »

enzel men أَنْزل من « descends de ! »

karroussa كرّوسة « voiture »

rouh رُوحْ « va-t'en »

Version

ياعسْكري واينهي (واين راهي) مكحلتك

ia askri ouinhi (ouine rahi) moukheltek. —

هاهي ألهيه • واينه • فبرانك • هاهُ هنا أمْشِ قدّامك

Emchi qodamek . — hahou hna . — ouinhou qabraneck . — hahi el hîh

أمْشِ أنْتَ ويّاه • شُوفْ ثمّ • ماهُ شي مريض

— mahou chi mrid'. — chouf themm. — emchi anta ou iah

ماك شي عسكري مليح • أطلع فوق الكرّوسة

atlâ foug elkarroussa — Mak chi askri mlih.

Thème

Où sont-ils ? Les voilà. — Monte là-bas. — Viens ici. Ils sont de l'autre côté de la rivière (derrière la rivière) Elle n'est pas là. — Elle est ici. — Fais attention, regarde ici. — Faites attention. — Voilà le village (دشرة dechra). — Descends de la voiture. —

14e Leçon

EMPLOI DU MOT متاع (MTA) OU ذيال (DIAL)

1° Le mot متاع (mtâ) ou ذيال (dial) s'emploient en arabe parlé pour indiquer la possession et traduisent nos pronoms possessifs quand ils sont suivis d'un pronom affixe, ex. :

mtâï متاعي « le mien, la mienne, les miens, les miennes »

mtaâk متاعك « le tien, la tienne, les tiens, les tiennes »

mtaâou متاعه « le sien, la sienne, les siens, les siennes »

mtâha متاعها « le sien, la sienne, les siens, les siennes (à elle) »

mtaâna متاعنا « le nôtre, la nôtre, les nôtres »

mtaâkoum متاعكُمْ « le vôtre, la vôtre, les vôtres »

mtaâhoum متاعهُمْ « le leur, la leur, les leurs (à eux, à elles) »

dïali ذيالي le mien, la mienne, les miens, les miennes, etc.

2° Placé entre deux substantifs, le mot متاع (mtâ) traduit la préposition de, et les deux substantifs prennent l'article s'ils sont déterminés, comme dans la phrase française, ex. : « le sac de l'homme » on dira : آلشّكارة متاع آلرّجل (ech-chkara mtâ errajel) « Le cheval du capitaine » العود متاع آلقُبْطان el-âoud mtâ elqobtane.

3° Il est aussi employé pour indiquer la matière ou le contenu d'un objet, ex. :

jouâ mtâ jeld جواى متاع جلد « un fourreau en cuir »

sif mtâ dkir سيف متاع ذكير « un sabre en acier »

chkara mtâ khoubz شكارة متاع خُبْز « un sac de pains »

karroussa mtâ gourt كرّوسة متاع قُرط « une charrette de foin »

fenjel mtâ helib فنْجال متاع حليب « une tasse de lait »

quar'â mtâ chrab قرعة متاع شراب « une bouteille de vin »

Mots

ouaïlla	وإلّا	« ou bien »	qoul	قُلْ	« dis »
jab	جاب	« il a apporté »	mtâ men	متاع من	« à qui »
kifèche	كيفاش	« comment »	teben	تبن	« paille hachée »
ache	أش	« quoi ? qu'est-ce ? »	barâl	بغّال	« muletier »

mrrefa مغرفة « cuiller »
ch'aïr شعير « orge »
matrag مطرق « bâton »
bâch باش « avec quoi ? »
hedid حديد « fer »

Hatta chi حتّى شي
Hatta haja حتّى حاجة
rien, aucune chose

Version

هذا امتاعي و هذاك متاعك ٭ هذه متاعكم و هذيك متاعه

hadi mtaâkoum ou hadik mtaâhou . — hada mtâi ou hadek mtaâk

هذا العود متاعي ٭ واينه عودك ٭ هاهو ٭ أش جاب على ظهره

ach jab âla dahrou. hahou. ouïnehou âoudek. had el-âoud-mtâi

ما جاب حتّى شي (حتّى حاجة) ٭ قُل له أش جاب

qoul lou ach jab (hata haja) ma jab hatta chi . —

متاع من هذه المكحلة ٭ واين راه البغل متاعه

ouine rah el-brel mtâou . — mtâ men had'el-moukhela

البغل متاعه راه في الواد ٭ ديال أش ٭ ذيال من هذا ٭

dial men hada . — dial ach . — el brel mtaâou rah fel oued

هذه المغرفة ذيال هذا العسكري

had'a elmourrfa dial had el-askri

Thème

A-t-il apporté celui-ci ou celui-là ? Il n'a rien apporté. Où est la charrette de foin ? Elle est ici. — A-t-il l'orge du mulet ? Le fusil de ce muletier est sur son mulet. Avec quoi l'a-t-il frappé ? Il l'a frappé avec une barre de fer (bâton). — Comment a-t-il apporté le sac d'orge ? Il l'a apporté dans une voiture. — Apporte la chaise en fer.

15e Leçon

LE NOMBRE

Il y a en arabe trois nombres : le singulier, le duel et le pluriel.

Le singulier est employé pour désigner une seule personne ou une seule chose, ou bien pour exprimer une collectivité comme زيتون zaïtoune « des olives » ; شعر cheâr « cheveux ».

Pour désigner une partie double du corps, on emploie le duel, qui est caractérisé par la terminaison ين (îne) que l'on ajoute au singulier, ex. : يد ied « main » يدين îdine « deux mains » رجل r'jel « pied » رجلين rejline « deux pieds » etc.

Le duel est aussi employé pour quelques substantifs d'un usage fréquent et pour quelques noms concernant le temps, ex. : شهر chehar « mois » شهرين chahrine « deux mois » عام âme un an » عامين âmine « deux ans » ساعة saâ « une heure » ساعتين sâatine « deux heures » والد ouâled « père » والدين ouâldine « père et mère » مرّة merra « une fois » مرّتين merratine « deux fois ».

Règle. — Suivi d'un pronom affixe le ن (noun) du duel disparaît ex. : يديه îdîh « ses mains » رجليه r'jlih « ses pieds ».

Cette règle ne s'applique que pour les parties doubles du corps et pour le mot والد ex. : والديه ouâldih « ses parents » (en parlant du père et de la mère).

Les autres duels conservent leur (ن) , mais ils sont précédés de l'article et suivis du mot : mtâ متاع , qui indique la possession.

ex. : (el-amîne mtâou) آلعامين متاعه « ses deux ans » (mot à mot : les deux ans à lui) ; es-saâtine mtâha آلساعتين متاعها « ses deux heures » (les 2 heures à elle), ech-chahrine mtaâna آلشهرين متاعنا « nos deux mois » (les deux mois à nous).

Mots

zeïte	زيت	« huile »	âssas	عسّاس	« sentinelle »
zeïtoune	زيتون	« olives » (coll.)	âss	عسّ	« il a gardé »
mrade	مراض	« malades »	d'henn	دهن	« il a graissé »
majrouh men	مجروح / من	« blessé à... »	âlâ khatar	على خاطر	« parce que »
quaâd fi	فعد في	« il est resté à »	frache	فراش	« lit »
nouar	نوّار	« fleurs » (coll.)	barra	برّا	« dehors »
França	فرنسا	« La France »	hell	حلّ	« ouvre »

Version

هذا زيت آلزّيتون ٭ هذا نوّار متاع جنان آلعسكر

hada zite ezzitoune. — hada nouar mtâ jenane el-assker

هذوا آلعسكر مراض من عينيهم ٭ هذا مريض من راسه

had el-assker mrad men âïnihoum (1). — hada mrîde men rassou

هذاك مريض من يديه ٭ عسّ ساعتين قدّام آلباب

hadak mrîde men iedih — âss sâatine qoddam el-bab.

(1) En arabe on dit : à mes yeux, à ma tête, avec son pied, etc., et non, comme en français : aux yeux, à la tête, avec le pied.

ضربه برجليه . جا مرّتين . ڧعد عامين ڢى ڢرنسا

quaâd âmine fi França. — ja marrtine . — derbou b'réjlih

Thème

Soldat où sont tes parents ? Ce soldat est blessé aux pieds parce qu'il n'a pas graissé ses chaussures. – Ouvre tes mains. – Où as-tu mal ? J'ai mal aux oreilles. – Il est resté deux mois dehors. — Ouvre bien tes yeux. — Tes cheveux sont trop longs.

16e Leçon

DU PLURIEL

Il y a deux sortes de pluriels : le pluriel régulier et le pluriel irrégulier.

Le pluriel régulier masculin s'obtient en ajoutant la terminaison ين îne au singulier. Le pluriel régulier féminin s'obtient en changeant le ة (ta marbouta) en : ات (âte).

Le pluriel régulier masculin, s'applique : 1° à tous les participes, ex. : مجروح majrouh « blessé », مجروحين majrouhine « blessés » ;

2° Presque à tous les noms de métiers qui peuvent aussi former leur pluriel par l'addition d'un ة (ta marbouta) ex. :

حدّاد haddad « forgeron » حدّادين ou حدّادة haddadine ou haddada « forgerons ».

3° A tous les adjectifs qui ont la terminaison en ان âne, ex. :

عيّان aïâne « fatigué » عيّانين aïânine « fatigués ».

Le pluriel régulier féminin s'applique :

1° A beaucoup de mots terminés par un ة (ta marbouta), ex. : بغلة barelâ « mule » بغلات barelate « mules » نعجة nâja « brebis » نعجات nâejate « brebis ».

2° A quelques substantifs d'origine étrangère même ceux qui s'appliquent à des personnes du sexe masculin, ex. : باشا bacha « pacha ».

باشاوات bachaouate « pachas » باي bêye « bey »

بايات bêyate « beys » اغا âgha « agha »

اغاوات âghaouête « âghas ».

17e Leçon

PLURIEL IRRÉGULIER

Le pluriel irrégulier est une des grosses difficultés de la langue arabe, à cause de ses nombreuses formes. Généralement il ne s'apprend que par l'usage. Certains mots ne sont soumis à aucune règle précise. D'autres ont deux ou plusieurs pluriels.

Le pluriel irrégulier se forme par des modifications organiques à l'intérieur du mot. Je ne donnerai, ici, que les formes les plus fréquentes :

1° Mots de trois lettres dont la deuxième est un ا (alif) généralement. Ils changent leur ا (alif) en ي (î) et prennent la terminaison ان âne, ex. : نار nâr « feu » نيران nirane « feux ; باب bâbe « porte » بيبان bibâne « portes » ; غار R'âr « trou, tunnel » غيران R'iranne « trous».

2° Mots ayant au singulier trois lettres.

Beaucoup de ces mots prennent au pluriel un ا (alif) après la deuxième lettre, ex. : كلْب kelb « chien » كلاب k'elab « chiens » ; رجل rajel « homme » رجال R'jal « hommes »; جمل j'mal « chameau » جمال j'mal « chameaux ».

3° Mots ayant quatre ou cinq lettres au singulier.

Cette catégorie de mots prennent au pluriel un ا (alif) après la deuxième lettre ; s'il y a un ة (ta marbouta) il disparaît au pluriel.

Ex. :

Singulier	*Pluriel*
matraque مطرف « bâton »	m'tarque مطارف « bâtons »
moukehla مكحلة « fusil »	m'kehal مكاحل « fusils »
mourrefa مغرفة « cuiller »	m'raref مغارف « cuillers »

Si la dernière lettre du singulier est précédée d'une lettre de prolongation, celle-ci doit être représentée au pluriel par un ي (ia) ex. :

Singulier	*Pluriel*
qobtane قبْطان « capitaine »	quebatine قباطين « capitaines »
soltâne سُلْطان « sultan »	Slatîne سلاطين « sultans »
çandouque صنْدوق « caisse »	cenadique صناديق « caisses »

Si la 2e lettre du singulier est un ا (alif) on la change au pluriel en و (ouaou) ex. :

Singulier	*Pluriel*
Kabous كابوس « pistolet »	kouabis كوابيس « pistolets »
hanout حانوت « boutique »	h'ouanit حوانيت « boutiques »
maâoune ماعون « ustensile »	mouaîne مواعين « ustensiles »

Pluriel de quelques adjectifs

Certains adjectifs composés de quatre lettres, dont l'avant-dernière est un ي (ia) forment généralement leur pluriel en remplaçant ce ي (ia) par un ا (alif) ex. :

Singulier			*Pluriel*		
kbir	كبير	« grand »	kbâr	كبار	« grands »
çeghir	صغير	« petit »	ceghâr	صغار	« petits »
touil	طويل	« long »	touâl	طوال	« longs »
âride	عريض	« large »	ârâd	عراض	« larges »
qçir	قصير	« court »	qçâr	قصار	« courts »
qbih	قبيح	« méchant »	qbâh	قباح	« méchants »
mlih	مليح	« bon »	mlâh	ملاح	« bons »
cehih	صحيح	« solide »	çhâh	صحاح	« solides »
drîf	ظريف	« poli »	drâf	ظراف	« polis »
khefif	خفيف	« léger »	khfâf	خفاف	« légers »
thkil	ثقيل	« lourd »	thkal	ثقال	« lourds »
khchine	خشين	« épais »	khchâne	خشان	« épais »
rgig	رقيق	« mince »	rgâg	رقاق	« minces »
m'rid	مريض	« malade »	m'râd	مراض	« malades »
n'dif	نظيف	« propre »	n'dâf	نظاف	« propres »
J'did	جديد	« neuf »	J'ded	جداد	« neufs »

18e Leçon

EMPLOI DU MOT آلّي « ÊLLI »

Le mot آلّي « êlli » (de l'arabe régulier آلّذي) est toujours invariable, et traduit nos pronoms : qui....., lequel....., laquelle....., lesquels....., lesquelles....., celui qui....., celle qui....., ceux qui...... celles qui....., dont....., quiconque.....

Il peut s'employer comme sujet ou comme complément ex. :

1° ٱلّي نظيف راه عسكري مليح
êlli n'dif rah asskri mlih.
« celui qui est propre est bon soldat ».

2° ٱلّي ما فهم شي يقول لي
êlli ma fhem chi igou-li
quiconque n'a pas compris me le dise !

4° واين راهُمْ ٱلعسْكر ٱلّي طلبوا تسريح
ouaïne rahoum el-assker elli talbou tessrih,
« Où sont les soldats qui ont demandé une permission ».

Comme complément direct :

1° ٱلرّجل ٱلّي شفته
er-rajel elli cheftou
« l'homme que j'ai vu », (l'homme lequel j'ai vu).

Comme complément d'une préposition :

1° ٱلخُبْز ٱلّي عَلَى ٱلطّابلة
el-khobz elli alla et-tabla,
« le pain qui est sur la table ».

Mots

qaâd قاعد « assis »

qaâda قاعدة « assise »

quâdine قاعدين « assis, assises »

rah ; mcha راح ، مشى « il est allé »

elli iekhdem ٱلّي يخْدم « celui qui fabrique »

elli iécenaâ ٱلّي يصْنع « qui façonne »

assemou اسمه « s'appelle ou se nomme »

cebât صبّاط « soulier »

tebib طبيب « médecin ou médecin-major »
kheda خذا « il a pris »
ouecelou وصلوا « ils sont arrivés »
khil خيل « chevaux »
khredj خرج « il est sorti »
akhd'er أَخْضَر « vert »
chajera شجرة « arbre »

Version

ٱلرّجل ٱلّي قدّام ٱلباب ٠ ٱلمراة ٱلّي قاعدة علَى ٱلكُرْسي

El-mra êlli qaâda âlla el-kourssi . — er-rajel êlli qoddam el-bab

ٱلرّجال ٱلّي قاعدين قدّام دار ٱلباشا

er-rjel êlli qaâdîne qoddam dar el-bâcha. —

واين راه ٱلعسكري ٱلّي مريض ٠ ٱلعسكري ٱلّي مريض

el-asskri êlli mrid' . — ouine rah el-asskri êlli mrid

راح عنْد ٱلطّبيب ٠ ٱلصّبّاط ٱلّي خذا راه جديد

eç-çebât elli khd'a rah jdid . — rah and et-tebib . —

ٱلْقَهْوَة ٱلّي شربها ما راهي شي سخونة

el-qahoua êlli chrabha ma rahich sekhouna —

ٱلّي يخدم ٱلخُبْز اسْمه خبّاز وٱلّي يخدم

êlli ikhdem el-khoubz asmou khebaz ou êlli ikhdem

ٱلصّبابط اسْمه صبّابطي

es-sbabet asmou sebabti

ٱلّي يسوق ٱلكرّوسة اسْمه كرارسي ٠ ٱلمكحلة ٱلّي وراك

el-moukehla elli ourak . — êlli issouq el-karoussa asmou kerarssi

Thème

La sentinelle qui est devant la porte. — Le café qu'il a bu. — La maison dont la porte est verte. — Les soldats qui sont arrivés. — Le sergent qui est allé avec les hommes malades. — Comment s'appelle le Caïd qui t'a envoyé ? Les hommes avec lesquels il est sorti. — Je n'ai pas compris ce qu'il m'a dit. — L'arbre qui est devant nous. — Le verre dans lequel il y a de l'eau.

19e Leçon

LES NOMBRES DE UN A DIX

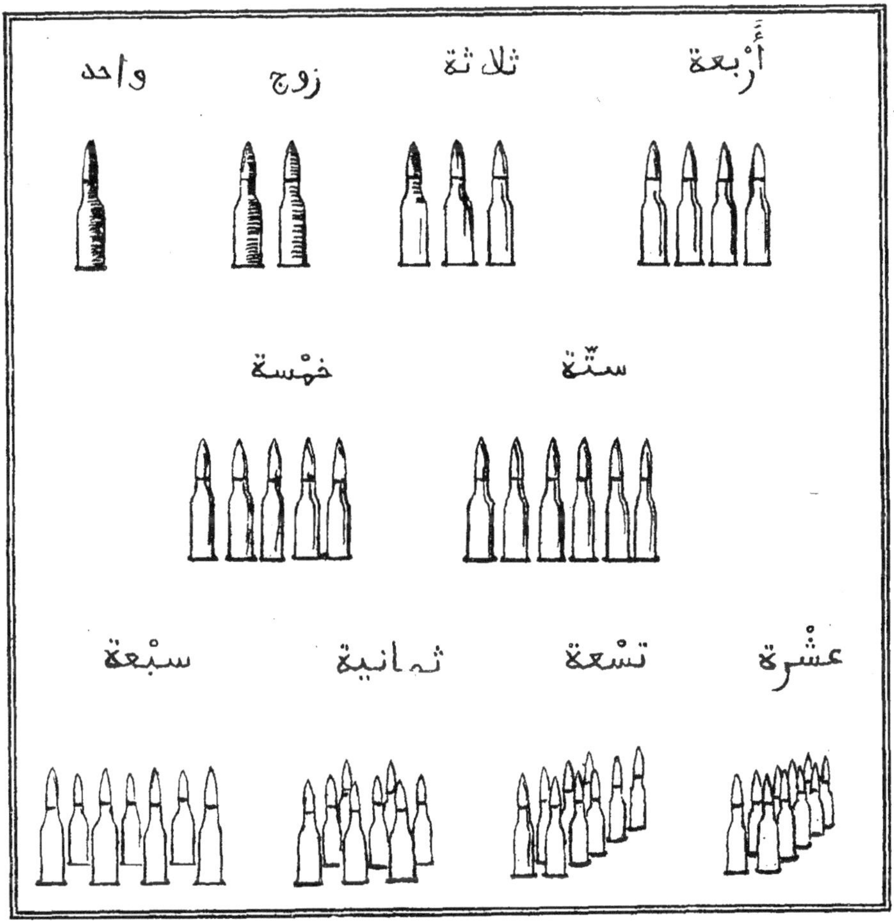

واحد زوج ثلاثة أَرْبعة

خمْسة ستّة

سبْعة ثمانية تسْعة عشْرة

١ ouahed واحد « un »

٢ éthnine ou zouj زوج ou اثْنين « deux »

٣ thelatha ثلاثة « trois »

٤ arbeâ أَرْبعة « quatre »

٥ khamssa خمسة « cinq »

٦ setta ستّة « six »

٧ sebeâ سبعة « sept »

٨ themania ثمانية « huit »

٩ tesseâ تسعة « neuf »

١٠ âchera عشرة « dix »

Lorsque « un » précède le nom, il est invariable ex. :

واحد السّيف ouahed es-sif « un sabre » ; واحد المكحلة ouahed el-moukehlâ « un fusil ».

S'il suit le nom, il s'accorde avec lui et traduit le mot français, seul ; dans ce cas le substantif ne prend pas d'article, ex. :

Sîf ouahed سيف واحد « un seul sabre ».

moukehla ouahda مكحلة واحدة « un seul fusil »

mrra ouahda مراة واحدة « une seule femme »

Dans les noms de nombre, le ة (ta marbouta) caractérise le masculin.

Il suffit donc de le faire disparaître quand ces noms de nombre se rapportent à des substantifs féminins. Dans la prononciation le ة (ta marbouta) est supprimé quel que soit le genre du substantif, dans les noms de nombre de trois à neuf. Pour ces leçons nous suivrons d'ailleurs l'orthographe que comportera la prononciation.

Mots

queddach men قدّاش من « combien de »...

heçane حصان « cheval »
heçoun حصن « chevaux »
quahouadji قهواجي « cafetier »
teï تاي « thé »
çanedouque صندوق « caisse, coffre »
cenadeque صنادق « caisses, coffres »
qmeja قمجة « chemise »
qmaïj قمايج « chemises »

Version

عندي بغل واحد • فدّاش من خيل عنده •

— andi bral ouahed. — queddach men khil andou

عنده ثلث حصن • عندهم ستّ شكاير و خمس صنادق •

— andou thelth heçone. — andhoum setta chkaïr ou khams cenadeque.

عندنا زوج بغال •

— andna zouj beral.

هذا عنده عشرة مفاتح و هذاك ما عنده شي •

had'a ândou âchra mfatah ou had'ak mâ ândou chi

جب لي زوج من هذا و خمسة من هذاك •

— jib li zouj men had'a ou khemssa men had'ak.

جب لنا أربعة فناجل قهوة • خذ ستّة من هنا •

— jib lna arbaâ fnajel qahoua. — khod'setta men hna

Thème

Combien de mulets avez-vous ? Nous n'avons aucun mulet. — Cafetier apporte-nous trois tasses de café et deux tasses de thé. — Soldat combien de chemises as-tu ? J'en ai trois. — Combien de malades y a-t-il aujourd'hui ? Chaque homme a son fusil. — Chacun en a deux. — Apporte-nous trois verres et cinq tasses. Vous avez six chevaux et trois voitures.

20e Leçon

EMPLOI DU SUBSTANTIF وَحْد OUAHED

Dans l'arabe parlé le mot وَحْد (ouahed) est souvent employé ; il est toujours suivi des pronons affixes ; il a le sens de l'adjectif seul, et non celui de l'adjectif numéral واحد (ouahed) qui s'écrit avec un alif dans le corps du mot ex. :

rani ouahdi	راني وَحْدي	« je suis seul »
rak ouahdek	راك وَحْدك	« tu es seul »
raqi ouahdek	راكِ وَحْدك	« tu es seule »
rah ouahdou	راه وَحْده	« il est seul »
rahi ouhedha	راهي وَحْدها	« elle est seule »
rana ouhedna	رانا وَحْدنا	« nous sommes seuls »
rakoum ouhadkoum	راكُمْ وَحْدكُمْ	« vous êtes seuls »
rahoum ouhadhoum	راهُمْ وَحْدهُمْ	« ils ou elles sont seuls, seules ».

Mots

m'cha	مشى	« il est allé, il est parti »
âla l'âoud	عَلَى العود	« à cheval »
ma rir	ما غير	« ne..... que...., sauf »
meâ men	مع من	« avec qui » (pour les personnes)
âla khater	على خاطر	« parce que »
çahb	صاحب	« camarade »
amchi	أمْشِ	« va »
kherej	خرج	« il est sorti »
achkoune	أشكون	« qui ? »
queâd	قعد	« il est resté »
youm ou nehar	يوم و نهار	« un jour »

Version

راني وَحْدي في هذه الدّار . مع من مشى . مشى وَحْده .

mcha ouahdou . — meâ men mcha . — rani ouahdi fi had'ed-dar. —

علاش مشى وَحْدُه . عَلى خاطر صاحبه مريض .

ma andhoum rir had'a. — âla khater çahbou mrid'. — allach mcha ouahdou

أمْشِ وَحْدك . حتّى واحد ما مشى غير هُوَ .

hatta ouahed ma mcha rîr houa . — emchi ouahdek . —

أشكون خرج للبلد . راهي شي وَحْدها .

rahich ouhedha . — achkoun khrej lel-belad . —

لا لا يا سيدي ما راهي شي وُحْدها راهي مع أمّها

La la ia sidi ma rahich ouhedha rahi meâ oùmmha. —

فعد يومين وُحْدُه . فدّاش من عسكري عندك .

queddach men âsskri ândek . — qaâd ioumine ouahdou. —

عندي عشرة . ما راهُمْ شي وَحْدهُمْ في هذا الجّنان

ma rahoum chi ouhedhoum fi had ej-jenane . — ândi achra

Thème

Combien de fusils avez-vous ? Nous en avons quatre (nous avons quatre). — Qui est allé avec lui ? Personne n'est allé avec lui. — Où est ton capitaine ? Il est sorti à cheval. — Pourquoi es-tu tout seul, ici ? Parce que je suis malade. — Va tout seul. — Comment s'appelle le soldat qui est avec toi ? Tu n'as que cela ? Avec qui est-il sorti en ville ?

21e Leçon

ADJECTIFS ET PRONOMS INDÉFINIS D'UN USAGE FRÉQUENT

oukher آخر « autre »

oukhera أُخْرَى « autre fém. »

oukherine أُخرين « autres 2 genres »

koull كلّ « chaque..., tout... »

ouahed oukher واحد آخر « un autre »

Hatta ouhad حتّى واحد « aucun » (pas même un)

Hatta ouahda حتّى واحدة « aucune »

ouahda oukhra واحدة أخْرَى « une autre »

men tarf من طرف « quelconque » se place toujours après le nom.

Pronoms indéfinis

koull men كلّ من « quiconque »

ouahed واحد « quelqu'un »

koull ouahed كلّ واحد « chacun »

hada ou hadak هذا و هذاك « l'un et l'autre »

eloukher الآخر « l'autre »

eloukhra الأُخرى « l'autre, féminin »

eloukhrine الأُخرين « les autres (2 genres) »

Mots

ouella والّا « ou bien »

naârf نعرف « je sais »

chachia شاشية « chéchia »

chououachi شواشي « chéchias »

seroual سروال « pantalon »

seraoul سراول « pantalons »

habs حبس « prison »

iemchou يمشوا « ils iront »

hajra حجرة « pierre »

Version

عنْدي واحد آخر ٭ عنْدك واحدة أُخْرَى ٭ ماعنده شي ٭

ma andhou chi . — ândek ouhda oukhra. — andi ouhd oukher

علاش ما جاب شي الأُخْرَى ٭ ما نعرف شي علاش ٭

ma nârf chi âllach . — âllache ma jab-chi el-oukhra . —

ما جابهاشي ٭ كلّ واحد عنْده مكحلته ٭

koull ouahed andou moukheltoû . — ma jabhach

هذا و هذاك عنْدهُمْ شي مكحلة ٭

hada ou hadek andhoum chi moukhela. —

خُذْ هذه و هذيك ٭ أشكون جاء ٭ حتّى واحد ٭

hattâ ouahed . — achkoun ja . — khod-hadi ou hadik

كلّ عسكري عنْده زوج شواشي وزوج سراول ٭

koull âskri ândou zouj chouachi ou zouj sraouël. —

جِبْ لي حجرة من طرف ٭ واين راهُمْ ٱلعسْكر ٱلأُخْرين ٭

ouïn rahoum el assker el-oukhrine . — jib-li hajra men tarf . —

Thème

Chaque soldat a un fusil. — Quelqu'un est venu ici. — Chaque muletier conduira son mulet. — Apporte-moi un verre quelconque. — L'un et l'autre iront en prison. Apporte-moi un autre pantalon et une autre chéchia. — As-tu un fusil ou n'en as-tu pas ? *(ou n'as-tu pas)*? Prends celui-ci et apporte-moi l'autre. — En as-tu un autre ?*(as-tu un autre)*? une autre ? d'autres ?

22e Leçon

LES JOURS DE LA SEMAINE

A l'exception du vendredi et du samedi les jours de la semaine tirent leur nom des nombres cardinaux : un, deux, trois, quatre, cinq.

Il suffit donc de connaître ces nombres pour apprendre facilement les noms des jours de la semaine.

En voici la liste :

Dimanche نهار الاحد nehar el-had « dérivé de un »

Lundi نهار الاثنين « el-ethnine « dérivé de deux »

Mardi نهار الثلاثاء « el-thelatha « dérivé de trois »

Mercredi نهار الاربعاء « el-arbaâ « dérivé de quatre »

Jeudi نهار الخميس « el-khemis « dérivé de cinq »

Vendredi نهار الجمعة « el jemeâ « jour de la réunion »

Samedi نهار السبت « es-sebt « jour du sabat »

Le mot يوم ioume et le mot نهار « nehar » sont synonymes, tous deux traduisent le mot « jour » mais on emploie de préférence le mot : نهار nhar pour désigner un jour éloigné (la journée du lendemain et les jours suivants).

يوم ioume traduirait plutôt la journée qui s'écoule. Ex. : راني مريض اليوم rani mrid ellioume « Je suis malade aujourd'hui ».

يجي نهار الجمعة iji nehar el jemeâ « il viendra vendredi » et non يجي يوم الجمعة iji ioume el jemeâ.

Dans certains cas, avec les expressions suivantes aujourd'hui, demain, après-demain, le surlendemain, la veille, hier, jeudi prochain, etc., on supprime souvent le mot نهار « nehar » Ex. : آليوم آلأربعاء el-lioume el-erbeâ « aujourd'hui mercredi » (le verbe être est sous-entendu).

Ex. : Demain, c'est jeudi on dira : غدوة آلخميس redoua el-khemis « demain jeudi »

Mots

el-lioum آليوم « aujourd'hui »

el-bareh آلبارح « la veille

amess أمس « hier »

âouel amess أوّل أمس « avant-hier »

redoua غدوة « demain »

rir redoua غير غدوة « après demain »

el-âchïa آلعشيّة « le soir »

eç-çebah آلصّباح « le matin »

nemchou نمشوا « nous irons »

khraj خرج « il est sorti »

cheft شفت « j'ai vu »

el-hal sekhoune الحال سخون « il fait chaud »

nouçelou نوصلوا « nous arriverons »

khedem خدم « il a travaillé »

men eç-çebah hatta lel-achïa من آلصّباح حتّى للعشيّة « du matin au soir ».

Version

تمشوا غدوة آلعشيّة ٭ يجي غير غدوة آلصّباح ٭

temchou redoua el-âchïa. — iji rir redoua eç-çebah

اَلْيوم اَلْخميس غدْوة اَلْجمْعة و غير غدْوة اَلسّبْت ٠

el-lioume el-khemis, redoua ej-jemeâ ou rir redoua es-sebt

شفته أمس في اَلسّوق ٠ ما خرج شي اَلبارح ٠

ma khrej chi el-bareh . — cheftou amess fessouk . —

Thème

Fais boire le cheval deux fois par jour : le matin et le soir. — Aujourd'hui il fait très chaud. — Tu viendras demain matin de bonne heure. — Il a travaillé du matin au soir. — Après-demain nous irons au douar. — Est-il sorti, hier, en ville ? Nous arriverons mercredi soir. —

23e Leçon

LES NOMBRES (suite)

١١	hddâche	إحداش	« onze »
١٢	thnâche	اثناش	« douze »
١٣	thletâche	ثلتاش	« treize »
١٤	arbeâtâche	ارْبعتاش	« quatorze »
١٥	khemstâche	خمْستاش	« quinze »
١٦	settâche	ستّاش	« seize »
١٧	sebeâtâche	سبْعتاش	« dix-sept »
١٨	thementâche	ثمنتاش	« dix-huit »
١٩	tesâtâche	تسْعتاش	« dix-neuf »
٢٠	âcherine	عشْرين	« vingt »

A l'exception de vingt qui prend la terminaison îne ين tous les autres noms de nombre de dix à dix-neuf dérivent des noms d'unités auxquels on ajoute la terminaison اش âche. —

Remarque : au-dessus de dix, les noms de nombre gouvernent le singulier. Ex. : quinze chéchias on dira : خمْستاش شاشية khemstâche chéchia. — quatorze mulets on dira : ارْبعتاش بغل arbeâtâche beral.

A partir de vingt jusqu'à cent les noms de nombre sont formés en plaçant le plus petit avant le plus grand et en intercalant la conjonction و ou, « et », ex. : vingt et un, on dira : واحد و عشرين ouahed ou âchrine.

Les noms des dizaines sont formés des noms d'unité et par l'addition

ين de îne

٢٠	âchrine	عشْرين	« vingt »
٣٠	thlathine	ثلاثين	« trente »
٤٠	arbaïne	أربعين	« quarante »
٥٠	khamssine	خمْسين	« cinquante »
٦٠	settine	ستّين	« soixante »
٧٠	sebeâïne	سبْعين	« soixante-dix »
٨٠	themanine	ثمانين	« quatre-vingts »
٩٠	tessaïne	تسْعين	« quatre-vingt-dix »
١٠٠	miâ	مية	« cent »
٢٠٠	mitine	ميتين	« deux cents »
٣٠٠	thelth miâ	ثلث مية	« trois cents »
١٠٠٠	alf	الف	« mille »
٢٠٠٠	alfine	الفين	« deux mille »
١٠٠٠٠٠	miat-elf	مية الف	« cent mille »
١٠٠٠٠٠٠	elf-elf	الف الف	« un million ».

Mots

âli علي « Ali »

frank فرنك « un franc »

atâ أعطى « il a donné »

dakhlou دخلوا « ils sont entrés ou rentrés »

iahkem fi يحكم في « il commande à »

Version

عنْد نا آثْنين وعشرين بغل • عنْد هُمْ ستّة و

andhoum setta ou . — ândna ethenine ou achrine bral

أربعين مكحلة • خذا خمْسة وسبْعين فرنك •

kheda khemssa ou sebaïne frank . — arbaïne moukehla

هذوا آلعسْكر جابوا ثلث مية وثلاثة وثمانين كبش •

had el-assker jabou thelth mia ou thelatha ou themanine kebch.

هذا آلقُبْطان عنْده ميتين عسْكري وثلث

had el-qoubtane andou mitine asskri ou thelth

فسيانات •

fessianate.

Thème

Ali a reçu deux cent cinquante francs. — C'est un bon soldat ; son capitaine lui a accordé une permission de huit jours pour aller voir ses parents.

Les hommes sont rentrés ce matin avec vingt-cinq chevaux, trente-quatre mulets et huit voitures.

24e Leçon

LA MONTRE. — LES HEURES

السّوايع • السّاعة

Essaâ السّاعة { « la montre, ou l'heure es-souaïâ » السّوايع { « les montres » ou les heures

Mots

nous saâ نُصف ساعة « une demi-heure »

rboa saâ ربع ساعة « un quart d'heure »

deqiqa دقيقة « une minute »

deqaïq دقايق « des minutes »

Pour demander l'heure, on peut employer l'une ou l'autre de ces deux expressions :

1° queddach rahi es-saâ قدّاش راهي السّاعة « quelle heure est-il ? »

2° ach men saâ rahi أش من ساعة راهي « quelle heure est-il ? »

Quelques expressions au sujet de l'heure

rahi-el èthnache راهي الاثناش « il est midi »

rahi el-èthnache ou reboâ راهي الاثناش وربع « il est midi et quart »

rahi el-ouahda راهي الواحدة « il est une heure »

rahi es-saâtine راهي السّاعتين « il est deux heures »

rahi themania ou noss راهي ثمانية و نُصف « il est huit heures et demie »

rahi el-èthenache mtâ el-lil راهي الاثناش متاع اللّيل « il est minuit » (mot à mot il est douze heures de la nuit) ou bien : rahi noss el-lil راهي نُصف اللّيل . « il est minuit »

rahi el-ouahda mtâ es-sebah راهي الواحدة متاع الصّباح « il est une heure du matin »

rahi el-arbeâ rir sebaâ tqaïq راهي الأربعة غير سبعة دقايق « il est quatre heures moins sept minutes » rahi et-tesseâ rir thlethâche d'qiqa

راهي ٱلتّسْعة غير ثلاثاش دقيقة

« il est neuf heures moins treize minutes »

25e Leçon

IMPARFAIT DU VERBE AVOIR

L'imparfait du verbe avoir, s'obtient en arabe, en plaçant le mot كان kan qui veut dire « il était ou il fut », devant la préposition عنْد ând qui signifie « chez » suivie des pronoms affixes. En voici la conjugaison :

kan ândi	كان عنْدي	« j'avais (il était chez moi) »
kan ândek	كان عنْدك	« tu avais m. et f. »
kan andou	كان عنْده	« il avait »
kan ândha	كان عنْدها	« elle avait »
kan ândna	كان عنْدنا	« nous avions »
kan andkoum	كان عنْدكُمْ	« vous aviez »
kan andhoum	كان عنْدهُمْ	« ils ou elles avaient »

La forme négative s'obtient en plaçant le mot ما « ma » avant kan et شي « chi » après, ex. : « je n'avais pas » on dira : ما كان شي عنْدي ma kan chi ândi.

Futur du verbe avoir

Le futur du verbe avoir s'exprime également par la préposition ând, suivie des pronoms affixes et précédée du mot يكون ikoun qui signifie : « il sera »

ikoun ândi	يكون عنْدي	« j'aurai (il sera chez moi) »
ikoun ândek	يكون عنْدك	« tu auras m. et féminin »
ikoun ândou	يكون عنْده	« il aura »
ikoun ândha	يكون عنْدها	« elle aura »

ikoun àndna يكون عندنا « nous aurons »

ikoun àndkoum يكون عندكُمْ « vous aurez »

ikoun àndhoum يكون عندهُمْ « ils ou elles auront »

Sous la forme négative : ma ikoun chi andi مايكون شي عندي « je n'aurai pas » etc. Mot à mot « il ne sera pas chez moi »

Mots

qœrbaj	فرباج	« cravache »
chotrob	شطرب	« fouet »
medra	مدرى	« fourche »
berdeâ	بردعة	« bât »
selloum	سلّوم	« échelle »
rsen	رسن	« licol »
chkal	شكال	« entrave »
makhla	مخلة	musette
âmara	عمارة	mangeoire
medoued	مذود	« auge »
moured	مورد	« abreuvoir »
koull	كلّ	« chaque »
atlâou	أطْلعوا	« montez »

Version

Mahmoud (n. p.) kan àndou chotrob محمود كان عنده شطرب

هذا الرّجل ما كان شي عنده شطرب كان عنده فرباج

had er-rajel ma kan chi àndou chotrob, kan àndou qœrbej

هذوا البغال ما شربوا شي في المورد شربوا في الواد

had el-brâl ma charbou chi fel moured charbou fel-oued

كلّ عود يكون عنده عمارته و شكاله

koul àoud ikoun àndou àmartou ou chekalou

غدوة كلّ عسكري يكون عنده صبّاط جديد

Redoua koul asskri ikoun àndou sabbat jedid

Thème

Nous les aurons demain. — Je ne l'avais pas. — Chaque mulet aura une musette mangeoire. — Après-demain vous aurez cinq entraves. — Tu avais le licol, où est-il ? Montez avec l'échelle. — Vous aviez de la viande, du pain et des légumes. — Samedi chacun aura un pantalon neuf. — Hier il était chez nous. — Demain il sera chez eux. —

26e Leçon

IMPARFAIT DU VERBE ÊTRE

Nous avons déjà dit à la 10e leçon que le présent du verbe être s'exprime par la syllabe را « râ » suivie des pronoms affixes رانى rani (je suis) راك rak « tu es » راه rah « il est » etc.

Mais pour rendre l'imparfait et le futur de ce verbe on emploie le verbe concave كان kan « il fut » يكون ikoun « il sera »

Imparfait (nuances du passé)

kount	كُنْت	« j'étais, je fus, j'ai été »
kount	كُنْت	« tu étais »
kounti	كُنْتِ	« tu étais » *fém.* »
kan	كان	« il était »
kanète	كانَتْ	« elle était »
kounna	كُنّا	« nous étions»
kountou	كُنْتوا	« vous étiez »
kanou	كانوا	« ils ou elles étaient ».

Forme négative

ma kount chi ما كُنْت شي « je n'étais pas, je ne fus pas »

ma kounti chi ما كُنْتِ شي « tu n'étais pas », *fém.* »

Futur

nkoun	نكون	« je serai »
tkoun	تكون	« tu seras »
tkouni	تكوني	« tu seras » *fém.* »

ikoun يكون « il sera »

tkoun تكون « elle sera »

nkounou نكونوا « nous serons »

tkounou تكونوا « vous serez »

ikounou يكونوا « ils ou elles seront »

Impératif

koun كُنْ « sois » *masc.*

kouni كوني « sois » *fém.*

kounou كونوا « soyez » *deux g.*

Participe présent

kaïn كاين « étant » *masc.*

kaïna كاينة « étant » *fém.*

kaïnin كاينين « étant » *deux g.*

Le participe présent s'emploie dans le sens de : il y a :

Ex. : Dans le désert il y a beaucoup de sable on dira : في الصحراء كاين الرمل بالزاف « fes sahra kaïn er-remal bezzaf ».

Il y a de la broussaille dans ce pays, on dira : « kaïna el rabâ fi had el bled » كاينة الغابة في هذه البلد Il y a des chaises dans la salle à manger : كاينين الكرسى في بيت الماكلة « kaïnine el-krassa fi bît el-mekla ».

Mots

teriq el hadid طريق الحديد « chemin de fer »

qentra قنطرة « pont »

m'chit	مشيت	« j'ai marché »
aïane	عيّان	« fatigué »
el-ioum	ٱليوم	« aujourd'hui »
hda	حذاء	« près »
diar	ديار	« maisons »
nass	ناس	« gens »
aïoune	عيون	« sources »
medina	مدينة	« ville »
àla had echchi	على هذا ٱلشّى	« c'est pour cela que... »
chejeâne	شجعان	« courageux » (*plur.*)

Version

عَلَى ٱلسّتّة متاع ٱلصّباح تكونوا ڢي ٱلڧنطرة

àla es-setta mtâ es-sbah tkounou f'el-qentra. —

نكونوا غدْوة ڢي ٱلمدينة إن شا ٱللّه

nkounou redoua fel-medina, ìne challah. —

مشيت بٱلزّاڢ عَلَى هذا ٱلشّي كُنْت عيّان

mchite bezzafe àla had echchi kount àïane

كاين ٱلماء ڢي الواد وما كاين شي بٱلزّاڢ ٱلرّمل

kaïne el-ma feloued ou ma kaïn chi bezzaf er-remal

كونوا عشكر شجعان

kounou assker chejeâne !

Thème

Soyez de bons soldats ! Ils étaient seuls dans ce douar.— Il y a beaucoup de sources dans ce pays. — Hier j'étais là-bas, aujourd'hui je suis ici. — Il y a beaucoup de gens dans les maisons. — Ils seront près de la voie ferrée. — Vous serez près du douar. — Je fus chez lui. — Il n'y a qu'un fusil. — Il ne sera pas là.

27e Leçon

LES COULEURS. — LES DIFFORMITÉS PHYSIQUES

« El elouane » الالوان — « El aïoub » العيوب

Masculin			*Féminin*		
abied	أبْيَض	« blanc »	bidà	بَيْضاء	« blanche »
ahmar	أحْمَر	« rouge »	hamra	حَمْراء	« rouge »
azreg	أزْرَق	« bleu »	zarga	زَرْقا	« bleue »

	Masculin			*Féminin*	
akhdar	أَخْضَر	« vert »	khadra	خَضْرَاء	« verte »
açfar	أَصْفَر	« jaune »	çafra	صَفْرَاء	« jaune »
akehal	أَكْحَل	« noir »	kahla	كَحْلَاء	« noire »
àama	أَعْمَى	« aveugle »	àmia	عَمْيَاء	« aveugle »
ahdab	أَحْدَب	« bossu »	hadba	حَدْبَاء	« bossue »
attrache	أَطْرَش	« sourd »	tarcha	طَرْشَاء	« sourde »
aouâr	أَعْوَر	« borgne »	àoura	عَوْرَاء	« borgne »

Pluriel des deux genres

bid	بِيْض	« blancs »	khoudr	خُضْر	« verts »
houmr	حُمْر	« rouges »	çoufer	صُفْر	« jaunes »
zourg	زُرْق	« bleus »	kouhl	كُحْل	« noirs »
ôumi	عُمْي	« aveugles »	torche	طُرْش	« sourds »
houdb	حُدْب	« bossus »	âour	عُور	« borgnes »

Remarquer que la plupart des adjectifs de couleurs et de difformités physiques ont quatre lettres au masculin singulier et trois au pluriel des deux genres.

L'alif qui commence ces mots au masculin singulier se place à la fin pour le féminin.

Mots

el hachich	ٱلْحشيش	« l'herbe »
ed douaïa	ٱلدّواية	« l'encrier »
el qlem	ٱلْقلم	« le porte-plume »
el khzana	ٱلْخزانة	« l'armoire »
ej-jir	ٱلجير	« la chaux »
es-senjak	ٱلسّنجاق	« le drapeau »
França	فرنسا	« France »
kifach	كيفاش	Comment? »
loun	لون	« couleur »
elalouane	الالوان	« les couleurs »
chemeâ	شمعة	« bougie »
thani	ثانى	« aussi »
khedima	خديمة	« servante »
emra	امراة	« femme »
thelj	ثلج	« neige »

Version

هذا الكاغط أَبْيَض و هذه ٱلدّواية كَحْلَة

had el karet abied ou had ed-douaïa kahla

ٱلثّلج وٱلجير بيض ۔ ٱلقلم أَحْمَر ۔ ٱلخزانة صَفراء وٱلشّمعة بَيْضا

el-khezana çafra ou ech-chemeâ baïda.— el-qlem ahmar. el-theljou ejjir bìd

ٱلشّاشية متاع ٱلعسكري حَمْراء

échâchia mtà el asskri hamra. -

Thème

Cette servante est noire. — Quelles sont les couleurs du drapeau de la France? Le drapeau de la France est bleu, blanc, rouge. — Cet encrier est bleu. — Cette herbe est verte. — Il y a du papier blanc, jaune, noir, bleu.

Les Arabes sont blancs. — La couleur de cette table est noire. Ces chéchias sont rouges.

DEUXIÈME PARTIE

28e Leçon

DU VERBE ARABE PROPREMENT DIT

Il n'y a, dans les verbes arabes que deux temps principaux : l'aoriste qui exprime l'idée du présent et du futur ; et le prétérit qui exprime toutes les nuances du passé.

Un verbe arabe peut être primitif ou dérivé. — Il est primitif lorsqu'il ne renferme que les lettres de la racine, c'est-à-dire trois ou quatre lettres, d'où le nom de verbes trilitères et quadrilitères, ex. كتب prononcez « kteb » (verbe trilitère.) — ترجم « trrjem » verbe quadrilitère.

Il est dérivé quand il renferme en plus des lettres de la racine, un chadda ّ ou bien une ou plusieurs lettres appelées serviles ou formatives.

De l'infinitif

L'infinitif n'existe pas en arabe; ainsi pour dire je veux boire, on dira « je veux je bois » نحبّ نشرب nhab nechrob. — Il veut dormir se traduira par يحبّ يرقد iheb irgoud, « il veut, il dort »; tu ne sais pas écrire ما تعرف شي تكتب ma tarafe che tekteb « tu ne sais pas tu écris ».

Donc, chaque fois qu'un verbe en français est suivi d'un autre verbe à l'infinitif, cet infinitif doit être traduit en arabe par la personne correspondante de l'aoriste. — Puisqu'il n'y a pas d'infinitif en arabe lorsqu'on veut énoncer un verbe on se sert de la troisième personne masculin singulier du prétérit, appelée radical, parce qu'elle ne renferme que les lettres de la racine.

Ex. :	ch'rab	شرب	« il a bu »
	S'mâ	سمع	« il a entendu »
	r'qed	رقد	« il a dormi »
	k'teb	كتب	« il a écrit »

Conjugaison du verbe chrab شرب *« boire »*

Aoriste (présent ou futur)

Nechrob	نشْرب	« je bois ou je boirai »
Techrob	تشْرب	« tu bois ou tu boiras »
Techrobi	تشْربي	« tu bois ou tu boiras », féminin
Iechrob	يشْرب	« il boit ou il boira »
Techerob	تشْرب	« elle boit ou elle boira »
Techorbou	نشْربوا	« nous buvons ou nous boirons »

Techerbou تشْربوا « vous buvez ou vous boirez »

Icherbou يشْربوا « ils ou elles boivent, ils ou elles boiront ».

Tous les verbes simples ou trilitères se conjuguent de la même façon. Voir le tableau ci-dessous où le radical, c'est-à-dire la racine du verbe est représentée par un trait.

Tableau de l'aoriste

Singulier	*Pluriel*
——— N	(ou) ——— N
——— T	(ou) ——— T
(i) ——— T	
——— I	(ou) ——— I
——— T	

Remarque. — Le radical est représenté par un trait, il suffit de faire usage des lettres qui sont placées avant ou après le radical pour conjuguer un verbe simple, à l'aoriste.

Aux 3 personnes du pluriel la terminaison وا qui est la marque du pluriel doit être prononcée ou, ex. : يشْربوا prononcez : icherbou et non icherboua.

29e Leçon

VERBES TRILITÈRES (Suite)

Verbes simples ou trilitères d'un emploi fréquent dans le langage.

kh'dem	خدم	« il a travaillé »
r'fed	رفد	« il a porté »
m'sah	مسح	« il a essuyé »
ch'rab	شرب	« il a bu »
q'tel	قتل	« il a tué »
l'bess	لبس	« il s'est habillé »
d'rab	ضرب	« il a frappé »
ch'tah	شطح	« il a dansé »
r'qaç	رقص	« il a dansé »
r'leg	غلق	« il a fermé »
k'teb	كتب	« il a écrit »
kh'rej	خرج	« il est sorti »
q'fel	قفل	« il a fermé »
d'khel	دخل	« il est entré »
t'laâ	طلع	« il est monté »
n'zel	نزل	« il est descendu »
r'qued	رقد	« il a dormi »
âmel	عمل	« il a fait »
r'ress	غرس	« il a planté »
hefer	حفر	« il a creusé »
r'raf	غرف	« il a puisé »
h'rath	حرث	« il a labouré »
t'lag	طلق	« il a lâché »
q'ssem	قسم	« il a partagé »
h'dar	هدر	« il a parlé »
h'lef	حلف	« il a juré »
s'âl	سعل	« il a toussé »
j'rah	جرح	« il a blessé »
l'âbe	لعب	« il s'est amusé »
s'kène	سكن	« il a habité »
d'fâ	دفع	« il a poussé »
q'der	قدر	« il a pu »
ç'nâ	صنع	« il a fabriqué »
kh'zène	خزن	« il a caché »
k'deb	كذب	« il a menti »
q'âd	قعد	« il s'est assis »

hrab	هرب	« il a fui »
m'chate	مشط	« il a peigné »
d'hène	دهن	« il a graissé »
k'ness	كنس	« il a balayé »
r'bat	ربط	« il a attaché »
t'bakh	طبخ	« il a cuisiné »
r'bat	ربط	« il a attelé »
l'hag	لحق	« il atteignit »
q'taâ	قطع	« il a coupé »
j'bed	جبد	« il a tiré »
r'bàh	ربح	« il a gagné »
r'leb	غلب	« il a vaincu »
chaâl	شعل	« il a allumé »
r'ssel	غسل	« il a lavé »
z'dem	زدم	« il a attaqué »
r'fâ	رفع	« il a levé »
b'hath	بحث	« il a fait l'enquête »
d'hak	ضحك	« il a ri »
r'keb	ركب	« il est monté à cheval »
s'rej	سرج	« il a sellé »
f'tah	فتح	« il a ouvert »
quecher	قشر	« il a épluché »

Mots

slah	سلاح	« armes »
bzime	بزيم	« robinet »
zjaj	زجاج	« carreaux (vitres)
dîne	دين	« religion »
h'ram	حرام	« défendu »
mekteb	مكتب	« bureau »
birou	بيرو	« bureau »
fessianet	فسينات	« officiers »
theqîl	ثقيل	« lourd »
Lazem	لازم	« il faut que » (obligation)
qach	قش	« effets, linge »
d'rouj	دروج	« escalier »
tarf	طرف	« morceau »
ârqane	عرقان	singulier — en sueur
ârquanine	عرقانين	pluriel — en sueur
qable ma	قبل ما	« avant de »
oujouh	وجوه	« visages »

iakhoud	يأخذ	« il prend »		fi ouaqt	في وَقت	« pendant »
Lazem	لازم	« il faut que » (obligation)				

Version

هذوا ٱلعسكر يمسحوا في سلاحهُمْ

had el-assker imssehou fi slahoum . —

علاش تشربوا ٱلشّراب يا ناس وهُوَ في دينكُمْ حرام

koul ioume neqssemou el-khoubz ou koul ouahed iakhod'tarf. —

كُلّ يوم نقسموا ٱلخُبز وكُلّ واحد يأْخُذ طرف

âllach tocherbou ech-cherab, ia nass oua houa fi dinekoum hrame. —

لازم كُلّ عسكري يدهن صبّاطه قبل ما يمشي ٱلطّريق

lazem koull asskri idhène çabatou qable ma imechi et-triq . —

ما يقدروا شي يرفدوا ٱلشّكارة عَلَى خاطر ثقيلة بٱلزّاف

ma iqdrou chi ierfedou ech-chekara âla khater theqila bezzaf. —

Thème

Le matin, les soldats se lavent le visage وجوههُمْ oujouhoum (leurs visages) boivent leur café, s'habillent et essuient leurs armes. — Avant de se mettre en route, ils graissent bien leurs chaussures. — La nuit, avant de dormir, nous fermons les portes et les fenêtres. — Pourquoi cet homme cause-t-il pendant le travail. — Ne buvez pas d'eau quand vous êtes كيف تكونوا (kif tkounou) en sueur. —

30e Leçon

EXERCICE SUR LES VERBES TRILITÈRES

Mots

qebîla قبيلة « il y a un moment »

daoura دَورة « une tournée, un tour »

m'rad مراض « malades »

rod balek رُدّ بالك « fais attention »

dalâ	دالة	« tour de rôle »	doukhane	دُخّان	« fumée »
smid	سميد	« semoule »	noumrou	نومرو	« numéro »
t'âme	طعام	« couscous »	jiniral	جينيرال	« général »
fissâa	في السّعة	« vite »	lebène	لبن	« petit lait »

Version

ما نشْربو اشي الشّراب نشْربو الماء واللّبن و الحليب

ma necherbou chi ech-chrab, necherbou el-mâ ou el-lebène ou el-hlib

قبيلة كان عنْدي موس ما نعرف شي واين راه

qebila kan andi mouss ma nàraf chi ouaïne rah

القُبْطان يهْدر مع الفسينات في البيرو

el-qoubtane iahder maâ el-fessianate fel-birou

ردّ بالك تجْرحني بالموس . علاش تضْحك

allach tadhak . — Roud balek tajrahni belmouss.

كاين بالزّاف الدُّخّان عَلى هذا الشّي يغْلفوا عينيهُمْ

kaïne bezzaf ed-doukhane àla hada chi irelegou aïnihoume

هذا العسكري ما يعْرف شي نومرو مكحلته

had el-asskri ma iâref chi noumrou moukehltou

يكْتبها . يطْلقهُمْ . يجْبده من البير

iejbdou men el-bir . — itleghoum . — iktebha —

Thème

Ces hommes ont du bois pour faire du feu. — Vous ne sortirez pas en ville parce que vous êtes malades. — Pourquoi frappes-tu ton camarade? C'est son tour de balayer. — Avez-vous de la semoule pour faire du couscous? Ne fermez pas le robinet... Ne creusez pas ici. Tu ne selleras pas le cheval, le général ne montera pas ce matin. — Ne parle pas vite.

31e Leçon

CONJUGAISON DU VERBE شرب CH'RAB « BOIRE »

AU PRÉTÉRIT (*Nuances du passé*)

Prétérit

ch'rabte	شَرِبْتُ	« j'ai bu, je bus, etc. »
ch'rabte	شَرِبْتَ	« tu as bu »
ch'rabti	شَرِبْتِ	« tu as bu » (fém.)
ch'rab	شرب	« il a bu »
charbete	شَرِبَتْ	« elle a bu »
ch'rabna	شَرِبْنا	« nous avons bu »
ch'rabtou	شَرِبْتوا	« vous avez bu »
charbou	شربوا	« ils ou elles ont bu »

Tableau du prétérit

	Singulier			*Pluriel*	
1re personne		(t)	ـــــتُ	(na)	ـــــنْا
2e pers.	masculin	(t)	ـــــتَ	(tou)	ـــــتْوا
	féminin	(ti)	ـــــتِ	(ou)	ـــــوا
3e pers.	masculin		ـــــ		
	féminin	(ète)	ـــــَتْ		

Remarque : On voit que les lettres qui caractérisent le prétérit sont après le radical qui est représenté par un trait.

Mots

Bel àrbia	بالعربيّة	« en arabe »
eltaht	التحت	« en bas »
elfoug	الفوق	« en haut »
hess	حسّ	« bruit »
zekroum	زكروم	« verrou »
meftah	مفتاح	« clef »
chelliq	شلّيق	« chiffon »
rah	راح	« il est allé »
çiada	صيادة	« chasse »
touaqi	طواقي	« fenêtres »
ied	يد	« main »
çah	صحّ	« vérité »
haq	حقّ	« id. »
batata	باطاطة	« pommes de terre »
arneb	أرْنب	« lièvre »
semmana	سمّانة	« caille »
hajla	حجلة	« perdrix »
r'jel	رْجل	« pied »

Version

قسمه بالموس الكبير . رفده على ظهره .

refdou alà dahrou . — qasmou bel-mous el-kebîr .—

مسحنا الزّاج متاع الطّواقي بهذا الشّلّيق

msahna ez-zaj mtâa hed ettouaqi bi had ech-chelliq

ماضربه شي بيده ضربه برجله

ma derbou chi biedou darbou b' rejlou

راحوا الصّيادة قتلوا أرنب وخمستاش حجلة

rahou leçiada qetlou arneb ou khamstache hajela

علاش ما غسلتوا شي قشّكم هذا الصّباح

allache ma resseltou chi qachekoum had eç-çebah

Thème

Avez-vous fermé la porte à clef et au verrou? Pourquoi n'êtes-vous pas descendus en bas? Pourquoi n'êtes-vous pas montés en haut ? Il m'a parlé vite, je ne l'ai pas compris. — Nous avons entendu du bruit vers minuit. — Où l'as-tu caché et pourquoi tu as menti.

32e Leçon

VERBES TRILITÈRES (suite)

De l'Impératif

L'impératif se forme de la 2e personne de chaque nombre de l'aoriste en retranchant la syllabe « تـ » qui est remplacé dans la plupart des cas par un alif « آ » surmonté d'un ouesla, toutes les fois d'ailleurs que la première lettre de la racine porte un djezm ou soukoun (1).

Ex. : les 2es personnes de l'aoriste du verbe k'teb كتب « écrire »
Tekteb تكْتب 2e personne du masculin « tu écris ou tu écriras »
Tektebi تكْتبي 2e personne du féminin « tu écris ou tu écriras »
Tektebou تكْتبوا 2e personne du pluriel « vous écrivez ou vous écrirez »

Font à l'impératif

ekteb آكْتبْ « écris ! »
ektebi آكْتبي « écris ! (*fem.*) »
ektebou آكْتبوا « écrivez ! »

Remarque. — L'Impératif avec la négation doit être traduit, en arabe, par l'aoriste. L'intonation seulement permet de faire une différence entre ces deux temps, ex. : ما تكْتب شي ma tekteb chi « n'écris pas ou tu n'écriras pas »

(1) L'alif de l'impératif doit être prononcé comme un espèce d'e muet : prononcez ekteb, etc.

Participe présent et participe passé des verbes primitifs trilitères

Le participe présent des verbes trilitères se forme par l'addition d'un alif ا après la première lettre de la racine.

Il s'accorde en genre et en nombre avec les noms auxquels il se rapporte.

Le féminin se forme par l'addition d'un ta marboutâ ة « a », et le pluriel par la terminaison de ين (îne).

Ex. : le verbe porter dont la racine est r'fed رفد fera :

rafed راقد « portant » (*masc.*)

rafda راقدة « portant » (*fém.*)

rafdine راقدين « portant » (*plur. des deux genres*)

Le participe passé se forme par un م (m) placé avant la première lettre et un و (ou) après la deuxième. Comme le participe présent, il s'accorde en genre et en nombre avec les noms auxquels il se rapporte. Ainsi le verbe frapper dont la racine est d'reb ضرب fera au participe passé :

madroube مضروب « frappé » (*masc.*)

madrouba مضروبة « frappée » (*fém.*)

madroubine مضروبين « frappés ou frappées »

Mots

k'tef	كتف	« épaule »	Lazem	لازم	« il faut »
daïm	دايم	« toujours »	bâche	باش	« pour que »
daïmen	دايمًا		ferhane	فرحان	« content »

r'fed	رفد	« il a porté, levé »	h'bel	حبل	« corde »
n'qatt	نقط	« il a marqué »	soua, soua	سوا سوا	« bien »

Version

ماتكذبوا شي علىّ اهدروا الصّحّ ٭ منقوطة

manequouta . — ma tâkdebou chi alïa ahdrou eç-çah . —

هذا الرّجل مضروب بالرّصاص ٭ الطّابلة ممسوحة

et-tabla memssouha . — had er-rajel madroub ber-rçace . —

اخدم مليح باش الفسيان يكون فرحان بك

akhdem mlih bach el-fessiane ikoune ferhane bik

هذوا الخيل ماهم شي مربوطين بالحبل سوا سوا

had el-khil ma houm chi marboutine bel hebel soua, soua

هذا المضرب ماهو شي مكنوس اكنسوه في السّاعة

had el-medreb ma hou chi meknouss eknssouh fis-saâ

Thème

Voici le soldat qui est blessé. — Ton pantalon n'est pas lavé. — Lève la tête (ta tête). — Ne me mentez pas (ne mentez pas sur moi). — Vos fusils sont-ils nettoyés ? (travaillés) Ils sont nettoyés (travaillés) — Comment reconnais-tu *(connais-tu ?)* ton fusil ? Je le reconnais *(connais)* parce qu'il est neuf. — Il faut que tu saches le numéro de ton fusil. — Sortez tous dehors ! —

33° Leçon

VERBES IRRÉGULIERS

(Verbes sourds)

Les verbes irréguliers comprennent : 1° les verbes sourds, 2° les verbes assimilés, 3° les verbes concaves, 4° les verbes défectueux.

Les verbes sourds sont ceux dont les deux dernières lettres sont semblables et réunies en une seule au moyen du chadda.

Ex. مسّ mess « il a touché » (au lieu de مسس

Voici la conjugaison d'un verbe sourd.

Aoriste

Nmess	نمسّ	« je touche ou je toucherai »
Tmess	تمسّ	« tu touches ou... »
Tmessi	تمسي	« tu touches (*fém.*) ou »
Imess	يمسّ	« il touche ou »
Tmess	تمسّ	« elle touche ou »
Nmessou	نمسّوا	« nous touchons ou »
Tmessou	تمسّوا	« vous touchez ou »
Imessou	يمسّوا	« ils ou elles touchent ou »

Impératif

Mess	مسّ	« touche » (*masc.*)
Messî	مسّي	« touche » (*fém.*)
Messou	مسّوا	« touchez » (*plur. des deux genres*)

Au prétérit les verbes sourds sont caractérisés par un (ia) intercalé avant la terminaison des deux premières personnes de chaque nombre.

Prétérit

Messite	مسّيت	« j'ai touché »
Messite	مسّيت	« tu as touché »
Messitî	مسّيتِ	« tu as touché » (*fém.*)
Mess	مسّ	« il a touché »
Messète	مسّتْ	« elle a touché »

Messina مسّينا « nous avons touché »

Messitou مسّيتوا « vous avez touché »

Messou مسّوا « ils ou elles ont touché »

Participe présent et participe passé des verbes sourds

Le participe présent et le participe passé de ces verbes sont assez employés.

Verbe شدّ (chedd) « il a tenu »

Participe présent

chàdd شادّ « tenant »

chadda شادّة « tenant » (*fém.*)

chaddîne شادّين « tenant » (*plur. des deux genres*)

Participe passé

Mechdoud مشْدود « tenu »

mechdouda مشْدودة « tenue »

mechdoudine مشْدودين « tenus, tenues »

Verbes sourds d'un usage fréquent

Mess	مسّ	« il a touché »	chaqq	شقّ	« il a fendu »
sebb	سبّ	« il a insulté »	âss	عسّ	« il a gardé »
hell	حلّ	« il a ouvert »	âdd	عضّ	« il a mordu »
bêll	بلّ	« il a mouillé »	chekk	شكّ	« il a soupçonné »
chedd	شدّ	« il a tenu »	d'ann	ظنّ	« il a pensé, cru »
chemm	شمّ	« il a senti »	qarr	قرّ	« il a avoué »
lemm	لمّ	« il a ramassé »	rache	رشّ	« il a arrosé »
rèdd	ردّ	« il a ramené »	hass	حسّ	« il a éprouvé »

kebb	كبّ	« il a versé »	khache	خشّ	« il est entré »
habb	حبّ	« il a aimé »	sedd	سدّ	« il a bouché »
mêdd	مدّ	« il a étendu »	khazz	خزّ	« il a trotté »
hatt	حطّ	« il a posé »	çabb	صبّ	« il a versé »
hakk	حكّ	« il a frotté »	deqq	دقّ	« il a piqué », « il a enfoncé »
çakk	صكّ	« il a rué »			
ladd	لضّ	« il a serré »			

Mots

maharma	محرمة	« mouchoir »	moutheq	موتق	« piquet de tente »
l'jame	لجم	« bride »	drâ	ذراع	« bras »
taï	تاي	« thé »	men aïne	من أين	« d'où, par où »
fenjal	فنجال	« tasse »	çaheb	صاحب	« camarade »
reddou balkoum	ردّوا بالكم	« faites attention »	chita	شيتة	« brosse »
h'jar	حجر	« pierres » (collectif)	chekk fih	شكّ فيه	« il l'a soupçonné »

Version

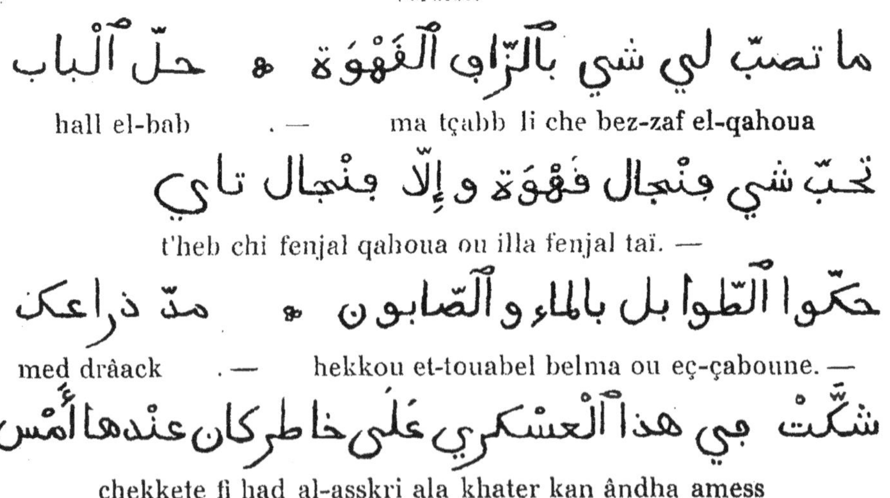
ما تصبّ لي شي بالزّاف الْقهْوة ـ حلّ الْباب

hall el-bab . — ma tçabb li che bez-zaf el-qahoua

تحبّ شي فنْجال قهْوة وإلّا فنْجال تاي

t'heb chi fenjal qahoua ou illa fenjal taï. —

حكّوا الطّوابل بالماء والصّابون ـ مدّ ذراعك

med drâack . — hekkou et-touabel belma ou eç-çaboune. —

شكّت في هذا الْعسْكري على خاطر كان عندها أمْس

chekkete fi had al-asskri ala khater kan ândha amess

شمّي ٱلنّوارة ﴾ حلّوا ٱلبيبان وٱلطّيقان

chemmi en-nouara . — hallou el-bibane ou et-tiqane . —

Thème

Ramassez ces pierres ! — Tiens le cheval par la bride. — Ce cheval trotte bien. — La porte est ouverte. — Enfoncez bien le piquet. — Ne posez rien sur la table.

Par où est-il rentré ? — Pourquoi as-tu insulté ton camarade ? — Il n'a pas voulu avouer. — Prenez garde, ce cheval rue.

34e Leçon

VERBES ASSIMILÉS

1° Les verbes assimilés sont ceux dont la première lettre est une des lettres suivantes ا (alif), و (ouaou) ou ي (ia) appelées aussi lettres faibles.

2° Ces verbes se conjuguent comme les verbes réguliers, sauf à l'impératif où ils ne prennent pas d'alif initial.

Impératif

oucel	وصل	« arrive » (*masc.*)
ouceli	وصلي	« arrive » (*fém.*)
oucelou	وصلوا	« arrivez » (*plur. des deux genres*).

Le participe passé est rarement employé.

Verbes assimilés à apprendre

oucel	وصل	« il est arrivé »	ouzen	وزن	« il a pesé »
ouqef	وقف	« il s'est arrêté »	ouacef	وصف	« il a décrit »
ouqaâ	وقع	« il est tombé »	ouldete	ولدَتْ	« elle a enfanté »
oujed	وجد	« il a trouvé »	ibess	يبس	« il a séché »
ourethe	ورث	« il a hérité »	ouejed	وجّد	« il a préparé »
oudaâ	وضع	« il a mis »	oualef	والف	« il s'est habitué »
ouakher	وخّر	« il a reculé »	ouassakh	وسّخ	« il a sali »

Mots

qachla	قشْلة	« caserne »	khima	خيمة	« tente »
biïâ	بيّاع	« marchand »	ouaqtâche	وقتاش	« quand ? »
chekaïr	شكاير	« sacs »	h'da	حذا	« près »
borj	بُرج	« fort » (subst.)	mekla	ماكلة	« nourriture »
bekri	بكري	« de bonne heure »	m'tar	مطر	« pluie »

ala queddach es-sâa عَلَى قدّاش ٱلسّاعة « à quelle heure ».

Version

وقتاش توصل للقشلة ‌ وقف ثمّ و مدّ ذراعك

ouqef them ou medd draâck . — ouaktache toucel lel-qachla . —

لازم توصلوا للبُرج عَلَى ٱلا ثناش سوا سوا

Lazem toucelou lel-borj ala el-athnache soua-soua . —

هذه الأرض يبست بالتراب على خاطر ما كان شي المطر

. had el-àrde iebssete bezzaf àla khater ma kan che el-m'tar.

فشكم يبس لموه . واين راكم ساكنين

ouaïne rakoum saknine . — qachchekoum ibess lemouh .

هذا الرجل وقف حذا الدار . الماكلة واجدة

el-mekla ouejda . — had-er-rajel ouqef h'da ed-dar

Thème

Arrêtez-vous là. — A quelle heure ces hommes sont arrivés ? Ils sont arrivés à midi moins le quart. — Leur soupe (mekla) ماكلة, est-elle prête ? Préparez-leur une chambre pour mettre leurs bagages. — Nous avons pesé les trois sacs de pommes de terre chez le marchand. A quelle heure serez-vous à, في « fi la caserne ?

35e Leçon

VERBES CONCAVES

Les verbes concaves sont ceux dont la deuxième lettre à la racine est une lettre faible : و (ouaou), ي (ia), quelquefois un ا (alif).

Leur conjugaison donne lieu aux particuralités suivantes :

Au prétérit (nuances du passé), tous les. verbes concaves, quels qu'ils

soient ont comme 2e lettre (ou 2e radicale) un (alif) à la 3e personne du singulier, et à la 3e personne du pluriel.

A l'aoriste, c'est-à-dire au présent et au futur cet ا (alif) se change en و (ouaou) ou en ي (ia). Quelques verbes seulement conservent à l'aoriste l'alif ex. : بات bête, il a passé la nuit, fera à l'aoriste يبات ibête « il passera la nuit ».

D'où les cas suivants : verbes faisant futur (ou) et verbes faisant futur (î).

Conjugaison d'un verbe concave faisant futur و *(ou)*

Verbe فال qal « il a dit »

Prétérit (nuances du passé)			*Aoriste (présent ou futur)*		
qoult	فُلْت	« j'ai dit »	n'qoul	نفول	« je dis ou je dirai »
qoult	فُلْت	« tu as dit »	t'qoul	تفول	« tu dis »
qoulti	فُلْتِ	« tu as dit » (fém.)	t'qouli	تفولي	« tu dis f. »
qal	فال	« il a dit »	iqoul	يفول	« il dit »
qalet	فالَتْ	« elle a dit »	t'qoul	تفول	« elle dit »
qoulna	فُلْنا	« nous avons dit »	n'qoulou	نفولوا	« nous disons »
qoultou	فلْتوا	« vous avez dit »	t'qoulou	تفولوا	« vous dites »
qalou	فالوا	« ils ou elles ont dit »	i'qoulou	يفولوا	« ils, elles disent »

Impératif			*Participe présent*		
qoul	فُلْ	« dis »	qaïl	فايل	« disant »
qouli	فولي	« dis » (féminin)	qaïla	فايلة	« disant » (fém.)
qoulou	فولوا	« dîtes » (Pluriel des 2 genres)	qaïline	فايلين	« disant » (Pluriel des 2 genres)

Le participe passé n'est guère employé dans les verbes concaves. —

Conjugaison d'un verbe concave faisant futur ي *(î)*

Verbe طاع taà « il a obéi »

Prétérit (nuances du passé)

taât	طعْت	« j'ai obéi »
taât	طعْت	« tu as obéi »
taâti	طعْتِ	« tu as obéi » fém.
taâ	طاع	« il a obéi »
taât	طاعَتْ	« elle a obéi »
teâna	طعْنا	« nous avons obéi »
teâtou	طعْتوا	« vous avez obéi »
taâou	طاعوا	« ils, elles ont obéi »

Aoriste (présent ou futur)

netià	نطيع	« j'obéis ou j'obéirai »
tetià	تطيع	« tu obéis »
tetiài	تطيعي	« tu obéis f. »
itiâ	يطيع	« il obéit »
tetià	تطيع	« elle obéit »
netiâou	نطيعوا	« nous obéissons »
tetiâou	تطيعوا	« vous obéissez »
itiâou	يطيعوا	« ils, elles obéissent »

Impératif

tiâ	طِعْ	« obéis » !
tiâi	طيعي	« obéis » (fém.)
tîâou	طيعوا	« obéissez » (Pluriel des 2 genres)

Participe présent

taïà	طايع	« obéissant »
taïâa	طايعة	
taïâîne	طايعين	

Nous donnons à la page suivante une liste de verbes concaves les plus usités ; afin qu'il n'y ait pas d'hésitation chez les élèves, nous les avons classés d'après leur futur.

36e Leçon

VERBES CONCAVES (suite)

	Futur و	*(ou)*		*Futur* ي	*(î)*
qâl	قال	« il a dit »	baâ	باع	« il a vendu »
châf	شاف	« il a vu »	r'âb	غاب	« il s'est absenté »
qâm	قام	« il s'est levé »	jâb	جاب	« il a apporté »
bâl	بال	« il a uriné »	çâb	صاب	« il a trouvé »
nâd	ناض	« il s'est levé »	çâr	صار	« il est devenu »
kân	كان	« il était »	sêr	سار	« il est allé »
râh	راح	« il est parti »	zâd	زاد	« il a augmenté »
mât	مات	« il est mort »	mâl	مال	« il a penché »
jâz	جاز	« il a passé »	tâb	طاب	« il a cuit »
fât	فات	id.	târ	طار	« il s'est envolé »
sâg	ساق	« il a conduit »	qâs	قاس	« il a mesuré »
dâm	دام	« il a continué »	tâh	طاح	« il est tombé »
nâm	نام	« il a dormi »	dèr	دار	« il a fait »
d'âq	ذاق	« il a goûté »	âche	عاش	« il a vécu »
dâr	دار	« il a tourné »	taâ	طاع	« il a obéi »
âm	عام	« il a nagé »	sâl	سال	« il a coulé »
dâkh	داخ	« il s'est évanoui »	fâdh	فاض	« il a débordé »

Verbes concaves futur ا *(a)*

khâf خاف « il a eu peur, il craignit »

nâl نال « il a obtenu »

bête بات « il a passé la nuit »

Mots

Tesserih	تسريح	« permission »
bel arbia	بالعربيّة	« en arabe »
bel françissa	بالفرنسيسة	« en français »
tanejra	طنْجرة	« marmite »
ouqef qbala qbala	وقف قبالة قبالة	« tiens-toi droit »
çaff	صفّ	« rang »
khfif	خفيف	« agile »
achkoun	أشكون	« qui ? »
chariâ	شريعة	« loi, règlement »
kbar	كبار	« chefs »
âqeb	عاقب	« il a puni »
blâ	بلا	« sans »
belli	بالّي	« que » « conjonction »
men hna	من هنا	« par ici »
souq	سوق	« marché »
kif tahe llil	كيف طاح اللّيل	« à la tombée de la nuit »
oujeh baroud	وجه بارود	« un coup de feu »
kiffache	كيفاش	« comment »

kiffache igoulou lou hada

كيفاش يقولوا له هذا

« Comment appelle-t-on cela »

Version

حطّوا اللّحم في الطّنْجرة ـ تروحوا معهُمْ لسوق

houtou el-lahm fet-tanejera. — trouhou m'âhoum lessouq. —

جِبْ لي شويّة ماء باش نشْرب ـ غاب يومين وليلتين

jib li chouïa ma bach necherob. — râb ioumine ou liltine

ماصاب حتّى شي في هذه الدّار

ma çab hatta chi fi had ed-dar

كيفاش يقولوا له هذا بالعربيّة ـ أش يقول

kiffache igoulou lou hada bel ârbia. — ach igoul. —

أَش تڤول ٱلشّريعة

ach tegoul ech-chariâ

ٱلشّريعة تڤول بالّي ٱلعسْكري لازم يطيع كبارُه

ech-chariâ tgoul belli el-asskri lazem itïa kbarou.

Thème

Tiens-toi droit, ne te penche pas. — Essaye ces souliers. — Il faut toujours goûter la soupe (nourriture). — Je punirai celui qui sortira du rang sans permission. — Le lieutenant est-il passé par ici? Le soldat doit être agile. — Obéissez à vos chefs. — Qui sait nager? Nous passerons la nuit dehors. — N'ayez pas peur. —

37e Leçon

VERBES DÉFECTUEUX

Les verbes défectueux sont ceux qui ont comme 3e lettre de la racine (3e radicale) un ى (ìa) ou un ا (alif) au prétérit, ils n'offrent aucune difficulté quant à leur conjugaison qui est la même pour tous ces verbes. Aux 3es personnes (sing. et plur.) l'avant dernière lettre prend le son de a et le ى final reste muet, comme مشَى prononcez : m'cha.

A l'aoriste, elle se prononce avec le son i dans certains verbes, et avec le son a dans d'autres.

Verbe رمى r'ma « lancer, tirer un coup de fusil »

Prétérit

r'mit	رميت	« j'ai tiré »	r'mat	رمت	« elle a tiré »
r'mit	رميت	« tu as tiré »	r'mïna	رمينا	« nous avons tiré »
r'miti	رميت	« tu as tiré » fém.	r'mitou	رميتوا	« vous avez tiré »
r'ma	رمى	« il a tiré »	r'maou	رموا	« ils, elles ont tiré »

Impératif

armi	آرم	« tire »	armou	آرموا	« tirez »
armi	آرمي	« tire » fém.			

Remarquer que le ى se supprime à la 3e personne du féminin, à la 3e personne du pluriel du prétérit ainsi qu'à l'impératif, sauf pour la 2e personne féminine de ce temps où il est maintenu pour caractériser le genre. — Le ى (i) des verbes défectueux se change en ا (à) chaque fois qu'il est suivi d'un pronom affixe, et lorsqu'il ne donne pas le son i à la lettre qui précède. Ex. : r'mah رماه il l'a lancé.

Conjugaison des verbes défectueux avec le son (i) ى à l'aoriste

jra جرى « il a couru »

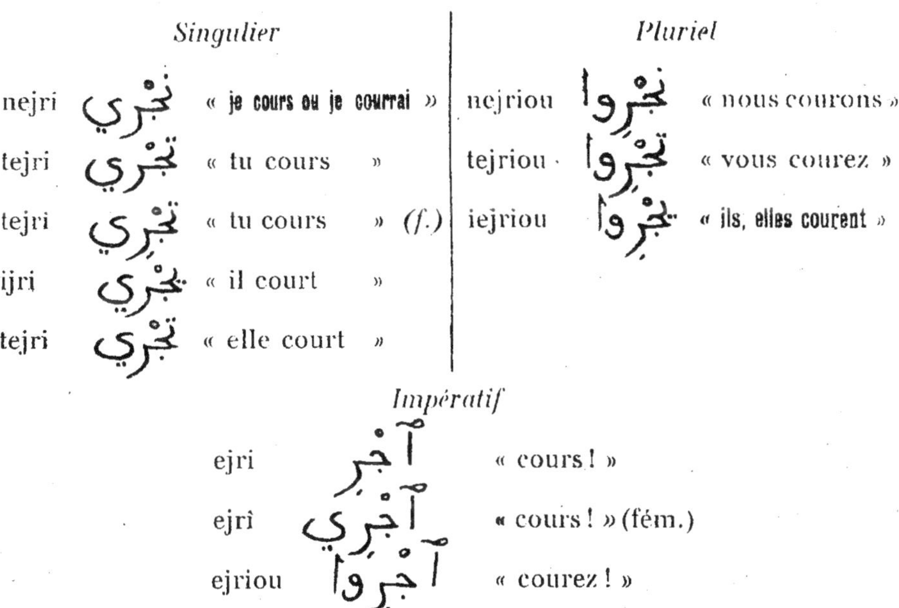

Aoriste

Singulier			*Pluriel*		
nejri	نَجْرِي	« je cours ou je courrai »	nejriou	نَجْرُوا	« nous courons »
tejri	تَجْرِي	« tu cours »	tejriou	تَجْرُوا	« vous courez »
tejri	تَجْرِي	« tu cours » (*f.*)	iejriou	يَجْرُوا	« ils, elles courent »
ijri	يَجْرِي	« il court »			
tejri	تَجْرِي	« elle court »			

Impératif

ejri	اُجْرِ	« cours ! »
ejrî	اُجْرِي	« cours ! » (fém.)
ejriou	اُجْرُوا	« courez ! »

Conjugaison des verbes défectueux avec le son (â) à l'aoriste

لقَى lqa « il a trouvé, il a rencontré »

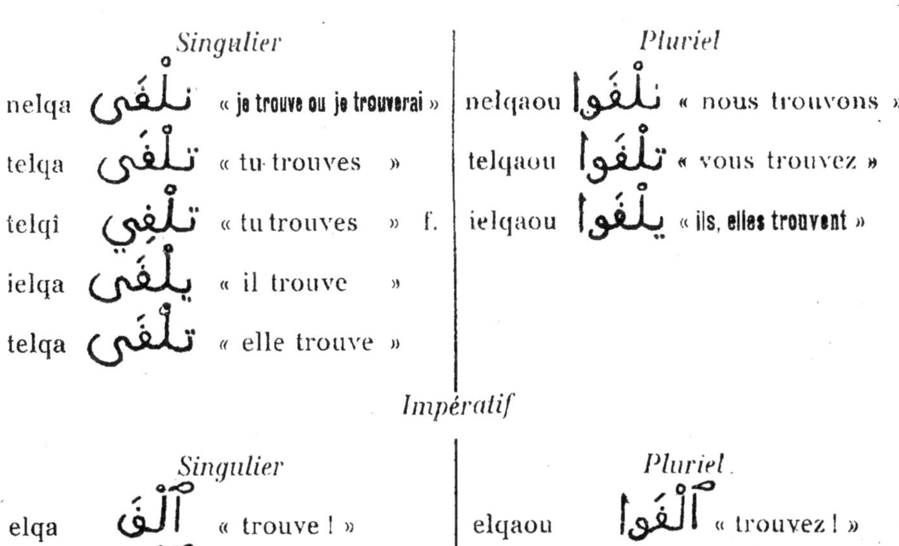

Aoriste

Singulier			*Pluriel*		
nelqa	نَلْقَى	« je trouve ou je trouverai »	nelqaou	نَلْقَوا	« nous trouvons »
telqa	تَلْقَى	« tu trouves »	telqaou	تَلْقَوا	« vous trouvez »
telqî	تَلْقِي	« tu trouves » f.	ielqaou	يَلْقَوا	« ils, elles trouvent »
ielqa	يَلْقَى	« il trouve »			
telqa	تَلْقَى	« elle trouve »			

Impératif

Singulier			*Pluriel*		
elqa	اُلْقَ	« trouve ! »	elqaou	اُلْقَوا	« trouvez ! »
elqî	اُلْقِي	« trouve ! » (fém.)			

Participe présent et participe passé des verbes défectueux

رَمَى r'mâ « il a lancé, il a tiré un coup de feu »

Participe présent			*Participe passé*		
rami	رامي	« jetant »	marmi	مرْميّ	« jeté »
ramia	رامية	« jetant » (fém.)	marmia	مرْميّة	« jetée »
ramiïne	رامِيِّين	« jetant » (Pluriel des 2 genres)	marmiïne	مرْمِيِّين	« jetés, jetées »

Liste des principaux verbes défectueux

Verbes dont la 2e lettre de la racine (2e radicale) se prononce avec le son i à l'aoriste.			Verbes dont la 2e lettre de la racine (2e radicale) se prononce avec le son a à l'aoriste.		
jra	جَرَى	« il a couru »	bqa	بقَى	« il est resté »
chra	شَرَى	« il a acheté »	lqa	لقَى	« il a trouvé »
rma	رَمَى	« il a lancé »	rd'a	رضَى	« il a consenti »
bka	بكَى	« il a pleuré »	n'ssa	نسَى	« il a oublié »
mcha	مشَى	« il a marché »	raâ	رعَى	« il a brouté »
kfa	كفَى	« il a suffi »	rouâ	روَى	« il s'est désaltéré »
zqa	زقَى	« il a crié »	brâ	برا	« il a été guéri »
kra	كرَى	« il a loué »	rêja	رجا	« il a espéré » « il a attendu »
bna	بنَى	« il a bâti »			
sqa	سقَى	« il a arrosé »			

Mots

ou lakine	ولاكن	« mais »	doura	دورة	« tournant » (d'un chemin)
hâtta ouahed	حتّى واحد	« personne, aucun »	b'aïd	بعيد	« loin »

fechak	ڢشاك	« cartouche »	farer	ڢارغ	« vide »
fechakat	ڢشاكات	« cartouches »	farraïne	ڢارغين	« vides »
tmar	تمر	« dattes » (collectif)	jaâba	جعبة	« canon de fusil »
koul ouahed menkoum	كلّ واحد منكمْ	« chacun de vous »	karmous	كرموس	« figues » (collectif)
			d'faâ	دڢع	« il a versé »

Version

âlache tebki ia asskri ? علاش تبْكى يا عسْكري

nebki âla khater baba mate. نبْكى عَلى خاطر بابا مات

ma touqeadou che ouaqfine, emchou ! ما تڧْعدوا شي واڧڢين آمْشوا

ache chra lkoum men es-souk ? أش شرَى لكمْ من آلسّوڧ

chra lna el-karmous ou et-temar. شرَى لنا الكرموس وآلتّمر

ajri azqi lou, telqah fi darou. آجْرِ آزْڧِ له تلڧاه ڢي داره

abni maâh el-haït. آبْنِ معه آلحايط

Thème

Dis-lui de courir. — Jette-le très loin. — Chacun de vous tirera huit cartouches. — Vous verserez les étuis au caporal. Ne tire pas avec ce fusil, le canon est bouché. — N'oublie pas ce que je t'ai dit (ce que j'ai dit à toi). Vous marcherez jusqu'au tournant de la route. Marche devant lui. — Appelle-le ! Cours me chercher (apporte à moi) le sabre.

38e Leçon

VERBES DÉRIVÉS

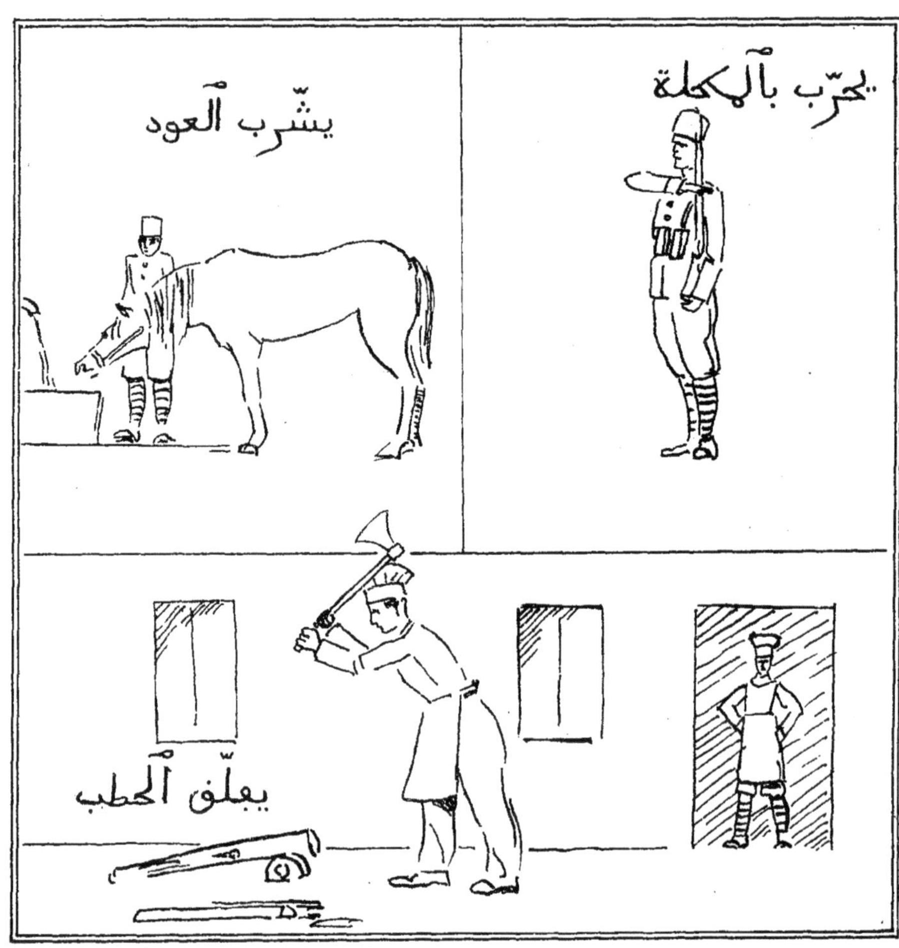

Le verbe primitif donne naissance, par des modifications que l'on fait subir à la racine, principalement par l'addition d'un chadda ّ ou d'une ou plusieurs lettres formatives ا س ن ت à des formes dérivées. — Ces formes dérivées modifient le sens du verbe primitif et expriment, par un seul mot une idée qu'on ne saurait rendre, en français qu'à l'aide d'une périphrase.

Elles sont au nombre de dix ; il faut observer du reste que chaque verbe primitif n'est pas susceptible de recevoir d'une façon absolue une forme quelconque ; le dictionnaire indique après chaque verbe primitif les formes qu'il peut créer et leur véritable signification.

Généralement les formes dérivées sont désignées à l'aide des chiffres romains de I (qui est le verbe primitif) jusqu'à X.

Voici un tableau représentant les dix formes

Nº d'ordre	Prétérit	Racine	Sens	Ex.
I	ch'rab شرب	شرب	l'état ou l'action exprimé par le verbe	il a bu
II	charrab شرّب	شرب	faire faire, rendre tel ou tel	il a fait boire
III	khalaf خالف	خلف	remplace l'emploi des propositions à, vers, contre	il a contrevenu à
IV	akhbar أَخْبَر	خبر	sens de la 2e forme	il a fait savoir
V	tqadem تَقَدّم	قدم	pronominal ou passif	il s'est avancé
VI	tqablou تقابلوا	قبل	réciprocité	**ils se sont présentés**
VII	enjrah اَنْجرح	جرح	passif ou pronominal	il s'est blessé
VIII	echterel اَشْتغل	شغل	id.	il s'est occupé
IX	ahmar اَحْمرّ	حمر	désigne les couleurs et les défauts physiques	il est devenu rouge
X	esstaâjab اَسْتعْجب	عجب	1º sens d'admiration 2º trouver mauvais 3º désirer, implorer	il s'est émerveillé

Remarquer que la 1re forme n'est caractérisée par rien ; c'est la racine même.

La IIe par un chadda sur la 2e radicale.

La IIIe par un ا après la 1re radicale.

La IVe par un أ placé avant la 1re radicale.

La Ve par un تـ en avant de la racine et par un chadda sur la 2e radicale.

La VIe par un تـ en avant de la racine et par un ا après la 1re radicale.

La VIIe par un نـ en avant de la racine, ce نـ est précédé d'un ا qui disparaît à l'aoriste.

La VIIIe par un ـتـ placé après la 1re radicale et par un ا initial au prétérit.

La IXe par un ّ sur la 3e radicale et par un ا initial au prétérit.

La Xe par أَسْتـ placé devant la racine.

Les Ire, IVe, VIIe, VIIIe, IXe et Xe formes prennent un alif initial à l'impératif, toutes les autres n'en prennent pas.

Quelques verbes dérivés d'un emploi fréquent

II. charrab	شرّب	« il a fait boire »	II. harab	حرّب	« il a fait l'exercice »
II. serrah	سرّح	« il a délivré »	III. jâoub	جاوب	« il a répondu »
II. fellag	فلّق	« il a fendu »	III. sâfer	سافر	« il a voyagé »
II. taïche	طيّش	« il a jeté »	III. fareg	فارق	« il a quitté »
II. âllame	علّم	« il a enseigné »	III. saâd	ساعد	« il a aidé »

Forme	Prononciation	Arabe	Sens
II.	khaïte	خيّط	« il a cousu »
II.	âïne	عيّن	« il a désigné »
II.	ouêra	ورّى	« il a fait voir »
II.	semma	سمّى	« il a nommé »
II.	khâouf	خوّف	« il a fait peur »
II.	çâffaf	صفّف	« il a rangé »
II	hâffaf	حفّف	« il a rasé »
II	tâoual	طوّل	« il a allongé »
II.	quâcer	قصّر	« il a raccourci »
II.	râqqâ	رقّع	« il a raccommodé »
II.	tâïh	طيّح	« il a fait tomber »
II.	nâoud	نوّض	« il a réveillé »
II.	dâouar	دوّر	« il a fait tourner »
II.	ôukhar	وخّر	« il a reculé »
II.	khâlass	خلّص	« il a payé »
II.	âmmâr	عمّر	« il a rempli »
II.	bêdel	بدّل	« il a changé »
II.	dâkhal	دخّل	« il a fait entrer »
II.	kâssar	كسّر	« il a cassé »
II.	hârrak	حرّك	« il a remué »
II.	khâlla	خلّى	« il a laissé »
VII.	ennerelg	آنْغلق	« il s'est fermé »
VII.	enneqar	آنْكر	« il a nié »
III.	râfeg	رافق	« il a accompagné »
III.	âhed	عاهد	« il a promis »
III.	âoud	عاود	« il a recommencé »
III.	lâqa	لاقى	« il a rencontré »
IV.	àtâ	أعْطى	« il a donné »
IV.	êrda	أرْضى	« il a consenti »
IV.	êdheche	أذْهش	« il a eu peur »
V	tkassar	تكسّر	« il s'est brisé »
V.	tkallem	تكلّم	« il a parlé »
V	tqeddem	تقدّم	« il s'est avancé »
V.	t'âjjeb	تعجّب	« il s'est étonné »
V.	t'âllam	تعلّم	« il a appris »
V	t'herrak	تحرّك	« il s'est remué »
VI.	t'qabelou	تقابلوا	« ils se sont fait face »
VI.	t'qatlou	تقاتلوا	« ils se sont entretués »
VI.	t'dârbou	تضاربوا	« ils se sont battus »
VI.	t'lâqou	تلاقوا	« ils se sont rencontrés »
VII.	ennjerah	آنْجرح	« il a été blessé »
VII.	ennhall	آنْحلّ	« il s'est ouvert »
IX.	ah'mar	آحْمرّ	« il est devenu rouge »
IX.	âb'ïad	آبْيضّ	« il est devenu blanc »
IX.	â'ouaj	آعْوجّ	« il s'est tordu »
IX.	âouar	آعْورّ	« il est devenu borgne »

VIII. ejtemmâou	أَجْتمعوا	« ils se sont réunis »	X. estakbar	أَسْتَكْبر	« il s'est enorgueilli »
VIII. eftergou	أَفْترفوا	« ils se sont séparés »	X. esttakhbar	أَسْتَخْبر	« il s'est informé »
VIII. eqterbou	أَفْتربوا	« ils se sont approchés »	X. estahaq	أَسْتَحقّ	« il a eu besoin de... »

Mots

ezzouaïl	أَلزّوايل	« les bêtes de somme »	serjane el-âssa	سارجان أَلعسّة	« le sergent de garde »
haffaf	حفّاف	« perruquier »	sker	سكر	« il s'est enivré »
loukane	لوكان	« si »	iemkène	يمكن	« peut-être »
habss	حبس	« prison »			

Version

أَلعسكر أَلّي تعلّموا مليح يخرجوا للبلد

el-assker elli teâlmou mlih ikherjou lelbelad

و أَلّي ما تعلّمواشي مليح ما يخرجوا شي

ou elli ma teâllemou che mlih ma ikhrejou che

ردّ بالك تعاود مرّة أُخْرَى لوكان تعاود نرميك في أَلحبس

roud balek t'âoud mara oukhra loukane t'âoud narmik fel habess

أَشْكون عيّن (عوان) هذا أَلعسْكري لهذه الخدمة

achkoune âïne had el-asskri l'had el-khedma ?

سارجان أَلعسّة أَلّي عيّنه عَلَى خاطر راه معاقب

serjane el-âssa elli aïnou âla khater rah m'âqeb

أَش عمل حتّى تعاقب ٭ قُل له يشرّب أَلزّوايل

qoul lou icharrab ezzouaïl . — ach amel hatta t'âqeb

Thème

Fais sortir le cheval et selle-le dehors. — Avez-vous été à l'exercice ? (vous exercer). — Ce soldat s'est enivré hier en ville, c'est pour cela qu'il est en prison ; ne faites pas comme lui. — Allez raccommoder vos effets. — Tu viendras me réveiller à trois heures. — Qui a cassé ce verre ? Montre-moi où tu as été blessé ?

39e Leçon

CONJUGAISON DE CERTAINS VERBES D'UN USAGE FRÉQUENT

Verbe كلا kla « il a mangé »

Prétérit

Singulier			*Pluriel*		
klite	كليت	« j'ai mangé »	klîna	كلينا	« nous avons mangé »
klite	كليت	« tu as mangé »	klîtou	كليتوا	« vous avez mangé »
kliti	كليتِ	« tu as mangé » (f.)	klaou	كلاوا	« ils ou elles ont mangé »
kla	كلا	« il a mangé »			
klat	كلاتْ	« elle a mangé »			

Aoriste

Singulier			*Pluriel*		
nakoul	ناكُل	« je mange »	naklou	ناكلوا	« nous mangeons »
takoul	تاكل	« tu manges »	taklou	تاكلوا	« vous mangez »
takli	تاكلي	« tu manges » (fém.)	iaklou	ياكلوا	« ils ou elles mangent »
iakoul	ياكل	« il mange »			
takoul	تاكُل	« elle mange »			

Impératif

koul	كُلْ	« mange »	koulou	كُلوا	« mangez »
kouli	كُلي	« mange » (fém.)			

Verbe خذا khda « il a pris »

Prétérit

Singulier			*Pluriel*		
khdite	خذيت	« j'ai pris »	khdina	خذينا	« nous avons pris »
khdite	خذيت	« tu as pris »	khditou	خذيتوا	« vous avez pris »
khditi	خذيتِ	« tu as pris » (fém.)	khdaou	خذاوا	« ils ou elles ont pris »
khda	خذا	« il a pris »			
khdat	خذاتْ	« elle a pris »			

Aoriste

nakhoud	ناخُذ	« je prends »	nakhdou	ناخذوا	« nous prenons »
takhoud	تاخُذ	« tu prends »	takhdou	تاخذوا	« vous prenez »
takhoudi	تاخُذي	« tu prends » (fém.)	iakhdou	ياخذوا	« ils ou elles prennent »
iakhoud	ياخُذ	« il prend »			
takhoud	تاخُذ	« elle prend »			

Impératif

khoud	خُذْ	« prends »	khoudou	خُذوا	« prenez »
khoudi	خُذي	« prends » fém.			

Verbe بدا bda « il a commencé »

Le prétérit se conjugue comme le prétérit du verbe خذا **khada « il a pris »**

Aoriste

Singulier			*Pluriel*		
nebda	نبْدا	« je commence »	nebdaou	نبْداوا	« nous commençons »
tebda	تبْدا	« tu commences »	tebdaou	تبْداوا	« vous commencez »

tebdi	تبْدي	« tu commences » f.	iebdaou	يبْداوا	« ils ou elles commencent »
iebda	يبْدا	« il commence »			
tebda	تبْدا	« elle commence »			

Impératif

ebda	آبْدا	« commence »	ebdaou	آبْداوا	« commencez »
ebdî	آبْداي	« commence » fém.			

Le verbe بطا bṭa « il a tardé » et le verbe قرا qra « il a lu » se conjuguent de la même façon.

Conjugaison du verbe جاء jâ « il est venu »

Prétérit

Singulier			*Pluriel*		
jit	جيت	« je suis venu »	jina	جينا	« nous sommes venus »
jit	جيت	« tu es venu »	jitou	جيتوا	« vous êtes venu »
jiti	جيتِ	« tu es venue » fém.	jaou	جاوا	« ils ou elles sont venues »
ja	جآء	« il est venu »			
jat	جاتْ	« elle est venue »			

Aoriste

Singulier			*Pluriel*		
nji	نجي	« je viens »	njiou	نجيوا	« nous venons »
tji	تجي	« tu viens »	tjiou	تجيوا	« vous venez »
tji	تجِي	« tu viens » (fém.)	ijiou	يجيوا	« ils ou elles viennent »
iji	يجي	« il vient »			
tji	تجي	« elle vient »			

Impératif

aji أَجِ « viens » ajiou أَجيوا « venez »
ajî أَجِى « viens » (fém.)

Manière de traduire l'expression « encore » et « ne... pas encore ».

Pour traduire l'expression : encore, les arabes emploient le verbe زال zall « il a cessé ».

Pour rendre l'idée de la continuation, il suffit de placer avant ce verbe la particule ما mâ « pas » ex. : ما زال مريض ma zal mrid « il est encore malade » (il n'a pas cessé d'être malade).

مازالوا يكْتبوا ma-zalou iektebou « ils écrivent encore »
ما زالنا نخْدموا ma zalna nakhdmou « nous travaillons encore »

Pour rendre l'expression « ne ..... pas encore » on se sert toujours du verbe زال zal qui est alors précédé et suivi de la particule ما mâ, ex. : ما زال ما جاءشي *ma* zal *ma* jâ che « il n'est pas encore venu ».
ما زالنا ما بدينا شي ma zelna ma bedina che « nous n'avons pas encore commencé »

Mots

asskri jdid عسْكري جديد « recrue »
asker jded عسْكر جداد « recrues »
loubia لوبية « haricots »
estenna آسْتنّى « il a attendu »
rah el-hal راح الحال « tard » (il est)
ma zal el hal ما زال الحال « il n'est pas tard »
men baâd من بعد « après »

hader حاضر « présent »
raïb غايب « absent »
matbkha مطبخة « cuisine »
drab ضرب « il a frappé, il a tiré un coup de fusil »
fi lebssa ouahda في لبسة واحدة « dans la même tenue »

Version

آسْتانى ساعتين في هذا المضرب ومن بعد رجع

esstena saâtine fi had el-medreb ou men baâd rj'â. —

هذوا العسكر مازالوا ماضربوا شي ڢشاكاتهمْ

had el-assker ma zalou ma derbou che fchakat houm

آبْداوا خدمتكمْ على خاطر راح الحال

ebdaou khedmetkoum âla khater rah el-hal

أشْ كليتوا هذا الصّباح واش تاكلوا هذه العشيّة

ach klitou had eç-çbah ouach taklou had el-achïa

هذا الصّباح كلينا اللّحم بلوبية وكلّ واحد خذا طرڢ خبْز

had eç-çbah klina el-lahem beloubia ou koll ouahed khda tarf khobz

نحبّ نشوڢ العسكر الجدّاد في لبسة واحدة

nheb nchouf el-assker ej-jded fi lebssa ouahda.

Thème

Ils ne savent pas encore manœuvrer avec le fusil. — Ne commencez pas, il n'est pas encore l'heure. Ne restez pas toujours dehors. — Il faut que nous soyons présents à trois heures. — Prenez ces sacs et mettez-les à (dans) la cuisine. — Prends cette chéchia neuve et donne-moi la vieille.

40e Leçon

DU SUBJONCTIF

Le subjonctif se traduit en arabe par l'expression لازم Lazem « il faut » que l'on place avant le verbe, ex. : لازم تكونوا طايعين Lazem tkounou taïâïne, « il faut que vous soyez disciplinés, soumis ».

لازم يدخل غدوة الصّباح Lazem idkhoul redoua eç-çbah « il faut qu'il rentre demain matin .

Pronom « on »

En arabe, pour traduire le pronom on, le verbe est mis à la 3e personne du pluriel de chaque temps.

Ex. : كيفاش يشدّوه kiffache icheddouh « comment le tient-on ? »

كيفاش شدّوه kiffache cheddouh « comment l'a-t-on tenu ? »

كيفاش يقولوا له هذا kiffache igoulou lou hada « comment appelle-t-on cela ? »

كيفاش يقولوا هذا بالفرنسيسة kiffache igoulou hada bel francissa « comment appelle-t-on cela en français ? »

Adjectifs numéraux ordinaux

el-âouel	الأوّل	« le premier »	es-sedess	السّادس	« le sixième »
et-thani	الثّاني	« le deuxième »	essa-baâ	السّابع	« le septième »
et-thaleth	الثّالث	« le troisième »	ethamène	الثّامن	« le huitième »
er-rabaâ	الرّابع	« le quatrième	et-tassâ	التّاسع	« le neuvième »
el-khames	الخامس	le cinquième »	el-âcher	العاشر	« le dixième »

Le féminin de ces adjectifs se forme en ajoutant un ة final, ex. : الثّانية ethania « la deuxième », etc.

Mots

fi koul madreb	في كلّ مضرب	« partout »	estahfed ala	استحفظ على	« entretenir avec soin »
barka	بركة	« seulement »	m'chéregue	مشرّق	« déchiré »
khatoua	خطوة	« un pas »	m'qétâ	مقطّع	« déchiré »
khetaoui	خطاوي	« des pas »	hahou	هاهو	« voici, lui »
raqaâ	رقع	« il a raccommodé »	t'bib	طبيب	« médecin »
men essaf	من الصّف	« du rang »	douâ	دواء	« médicament »

Version

ما نعاقبك شي على خاطر هذه المرّة الأولى روح ماتعاودشي

ma n'âqbek chi âla khater hadi el-merra el-âoula rouh ma t'âoud chi. —

لازم تروح تشوف الطّبيب باش يعطي لك الدّواء

Lazem trouh tchouf et-tebib bach iâti lek ed-doua. —

خرّج العسكري الثّاني من الصّف

kharrej el-asskri ethani men es-saf. —

اللّي يوصل الأوّل يكون عنده تسريح متاع اللّيل

elli ioucel el-aouel ikoun andou tessrih mta ellil. —

الصّف الأوّل يقدّم بخطوتين بركة

es-saf el-ouel iguédème b'khatoutine barka. —

الصّف الثّاني ما يتحرّك شي يقعد في مضربه

es-saf ethâni ma ietharek che, igueâd fi maderbou. —

Thème

Il faut que vous marchiez jusqu'au pont. — Chaque soldat doit entretenir (il entretient) son arme. — Voici une permission de dix jours, vous devez rentrer le dixième jour à minuit. Où est ta deuxième chéchia ? Fais-moi voir la troisième chemise. —

Elle est déchirée, il faut la raccommoder, (il faut que tu raccommodes elle).

41° Leçon

VERBES QUADRILITÈRES

On appelle verbes quadrilitères ceux qui ont quatre lettres à la racine. — La plupart de ces verbes sont formés d'onomatopées. — Leur conjugaison est la même que celles des verbes réguliers, sauf à l'impératif où ils ne prennent pas d'alif initial, ex. : le verbe كتب kteb « il a écrit » fait à l'impératif : اُكْتُبْ ekteb « écris ! » tandis que le verbe تَرْجَم tarjem « il a traduit » composé de quatre lettres fera à l'impératif : تَرْجَمْ tarjem « traduis ! » etc.

Les participes présent et passé se forment, comme dans les verbes dérivés, en remplaçant le ي « ia » de l'aoriste par un م (mîme) qui porte le son : ُ ex. : مُتَرجم moutarjem « traduisant, traduit ».

Verbes quadrilitères d'un usage fréquent

tarjem	تَرْجم	« il a traduit »	dardar	دغْدغ	« il a chatouillé »
deqdeq	دقْدق	« il a frappé à la porte, il a pulvérisé »	maçmace	مضْمض	« il a rincé »
tabtab	طبْطب	« il a frappé » (faire du bruit en frappant sur quelque chose)	tartaq	طرْطق	« il a explosé »
zaâzaâ	زعْزع	« il a remué »	zarouat	زرْوط	« il a lancé »
ouasouas	وشْوس	« il a soufflé » (parler à voix basse)	rerbel	غرْبل	« il a criblé »
kerkeb	كرْكب	« il a roulé »	tektek	تكْتك	« il a crépité »
karkar	كرْكر	« il a traîné »	temtem	تمْتم	« il a bredouillé »

Mots

braïa بريّة « lettre »

braouate براوات « lettres »

âla el imine عَلَى آليمين « à droite »

âla id el imna عَلَى يد آليمنَى « à main droite »

âla el issar عَلَى اليسار « à gauche »

âla id el-issera عَلَى يد آليسرَى à main gauche

rarrebal غربال « crible »

fel-bab في آلباب « à la porte »

tourjmen تُرجمان « interprète »

bahthe بحث « interrogatoire »

binatkoum بيناتكُمْ « entre vous »

fi zouje في زوج « à deux »

t'rarerar تغرغر « il s'est gargarisé »

Version

علاش توشوسوا بيناتكُمْ.

allach touesouesou binatkoum.

كيف توصل طبْطب في آلباب.

kif toucel tabtab fel-bab.

أش آلّي يتكْتك هكذا.

ach elli itektek hakda.

آلسّاعة هِيَ آلّي تتكْتك.

es-sâa hia elli tetektek.

غرْبلتوا شي آلرّمل هذا آلصّباح.

rarrebeltou chi er-remal had eç-çebah.

مازالناماغربلناه شي

ma zelna ma rarrbelnah chi.

تمتم كيف بحثوه وما قدرشي يتكلّم

temtem kif bahthouh ou ma qder chi ietkalem.

ردّ بالك تزغزع آلطّابلة

rôd balek tezâzâ et-tabla.

Thème

Lancez fort la grenade pour qu'elle éclate au loin. — Apporte-moi une pierre ronde. (Employer le participe passé fémin. du verbe rouler). — Regardez à gauche et à droite. — Ce sac est lourd, trainez-le à deux. — Tu frapperas à la deuxième porte. Qui a traduit cette lettre? Rincez ces verres et posez-les sur la table. — Criblez ce sable. — Faites rouler cette pierre. — Traduis-moi cette lettre qui est écrite en arabe. —

42e Leçon

« CHEZ LE MARCHAND DE LÉGUMES »

عنْد بيّاع الخضْرة and biïâ el khoudra

Mots

1. el-left اللّفت « les navets »	5. el-brassa البراسة « les poireaux »
2. el-loubia اللّوبية « les haricots »	6. el-krounbe الكُرنب « les choux »

3. el-b'çal ٱلْبَصَل « les oignons »

4. et-thoum ٱلثّوم « l'ail »

m'ouakel موكّل « chargé de... »

qbal قبل « il a accepté »

ida إذا « si »

moulâ مولَى « maître, qui s'occupe de... »

7. el-felfel ٱلْفلفل « les piments »

8. ez-zeroudia ٱلزّروديّة « les carottes »

9. el-batatâ ٱلباطاطة « les pommes de terre »

louqane لوكان « si »

tasseouira تصويرة « image »

Version

كلّ يوم كاينين ٱلعسكر ٱلّي يروحوا يجيبوا ٱلخُضْرة

koul ioum kaïnine el-assker elli irouhou ijibou el-khodra

من ٱلبلَد و معهُمْ واحد ٱلكَبْران و إلّا زوج

men el-bled ou maà houm kabrane ou illa zouj

وإلّا ثلاثة ۰ كيف يوصلوا عنْد مولَى ٱلخُضْرة يلْقوا

ou illa thelatha. — kif ioucelou and moul el-khodra ielgou

واحد ٱلفسيان ٱلّي معيّن باش يشوف إذا ٱلخُضْرة مليحة

ouahed el-fessiane elli mâïne bach ichouf ida el khodra mliha

وباش يوزن مع مولَى ٱلخُضْرة ۰ بعد مايوزنوها

ou bach iouzen mâa moul el-khodra. — bâd ma iouznou

ٱلعسْكر ٱلّي ثمّ يرْبطوا ٱلشّكاير و يرفدوهُمْ و يحطّوهُمْ

el-assker elli them ierbtou echchekaïr ou ierfedouhoum ou ihoutouhoum

في كرّوستهُمْ و يرْجعوا للقشْلة

fi karousset houm ou ierjeâou lelqachla

Thème

Dans chaque ville où il y a des soldats, se trouve (il y a) un marchand de légumes qui est chargé de leur fournir (pour qu'il leur vende) des pommes de terre, des navets, des oignons, des choux, des carottes, de l'ail, des piments, des haricots, des poireaux, etc.

L'image montre des soldats avec un officier devant la boutique d'un marchand de légumes. — Tous sont occupés; l'officier tient un papier à la (dans sa) main. Le marchand pèse, un soldat attache des sacs, un deuxième les porte sur le dos, un troisième les prend et les passe à un quatrième qui les place dans une voiture.

43e Leçon

LA CUISINE DES SOLDATS

آلمطبخة متاع آلعسكر el-matbekha mta el-assker.

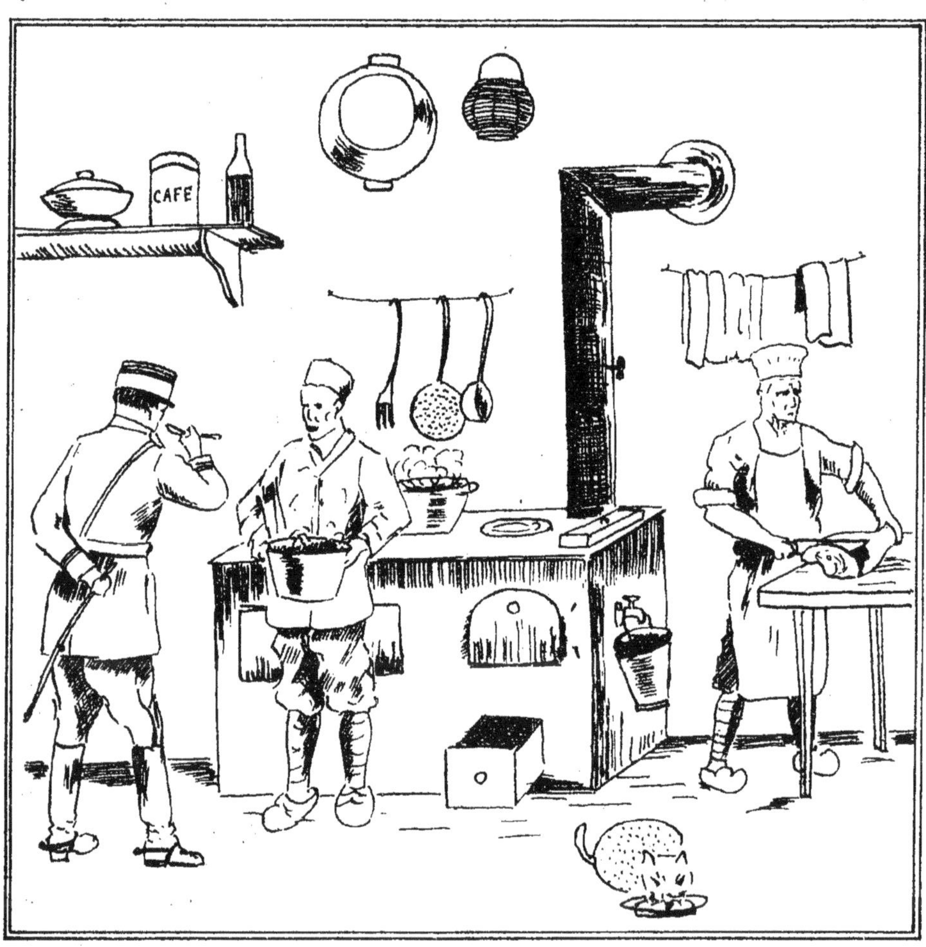

merga	مرقة	« bouillon »	marfeâ	مرفعة	« étagère »
el-kanoune	الكانون	« le fourneau »	atraf atraf	اطراف اطراف	« en morceaux »
el-lahem	اللحم	« la viande »	t'anejra	طنجرة	« marmite en métal »

mechoua	مشوة	« gril »	mendil	منديل	« serviette »
taoua	طاوة	« casserole »	es-sehann	آلصّحن	« le plat »
gedra	قدرة	« marmite »	melh	ملح	« sel »
fel-fel akhell	فلفل أكحل	« poivre noir »	fih el felfel	فيه الفلفل	« poivré »
fel-fel ahmar	فلفل أحمر	« poivre rouge »	maleh	مالح	« salé »
bzim	بزيم	« robinet »	samett	سامت	« insipide »
belioune	بليون	« seau »	messous	مسوس	« insipide »
koucha	كوشة	« four »	qjer	قجر	« tiroir »
forchita	فرشيطة	« fourchette »	mor'refa	مغرفة	« cuiller »
qatt	قطّ	« chat »	qatâ	قطع	« il a coupé »
l'has	لحس	« il a léché »	mâoune	ماعون	« récipient »
daq	ذاق	« il a goûté »	tiâbe	طياب	« cuisson »
tabâkh	طبّاخ	« cuisinier »	t'bikh	طبيخ	« cuisson »
t'bakh	طبخ	« il a fait cuire »	taïeb	طيّب	« il a fait cuire »

Version

آلصّباح بكري آلطّبّاخة يطيّبوا الفهْوَة للعسكر •

es-sebah bekri et-tabakha itaïbou el-qahoua lel-assker. —

من بعد هذا آلشّي يبْداوا يفطعوا آللّحم و آلخُضرة

men bâd had echaï iebdaou iqateâou el-laham ou el-khodra. —

و يرْموهُمْ في واحد آلقدرة كبيرة • كيف

ou iermouhoum fi ouhad el-qedra kebira. — kif

يطيبوا سوا سوا يعمْلوا آللّحم في جِهة •

itibou soua soua iâmlou el-laham fi jiha

يزيدوا يقطعوا اللحم اطراف و يفرقوه

izidou iqateâou el-laham traf traf ou iferqouh. —

يفرقوا ثاني الخضرة و المرقة في مواعن أخرين ٭

iferqou thani el-khodra ou el-merqa fi mouaâne oukhrine. —

وقت الغداء العسكر يدخلوا في المطبخة ويرفدوا

ouaqet el-r'eda el-assker iedkhelou fi el-metbkha ou ierfdou

الاضحان و يروحوا البيت الماكلة باش ياكلوا

el-açehane ou irouhou l'bit el-mekla bache iaklou. —

Thème

La cuisine des soldats

Le matin de bonne heure les cuisiniers allument le feu et mettent dans le fourneau du charbon ou du bois. — Ils font chauffer le café, commencent à éplucher les légumes et à découper la viande, qu'ils mettent dans une grande marmite. Ils y ajoutent du poivre, du sel.

Les cuisiniers goûtent toujours la soupe (la nourriture) et font attention à ce qu'elle ne soit pas trop salée ni poivrée.

44e Leçon

LE RÉFECTOIRE

bit el-mekla mtâ el-assker بيت الماكلة متاع العسكر

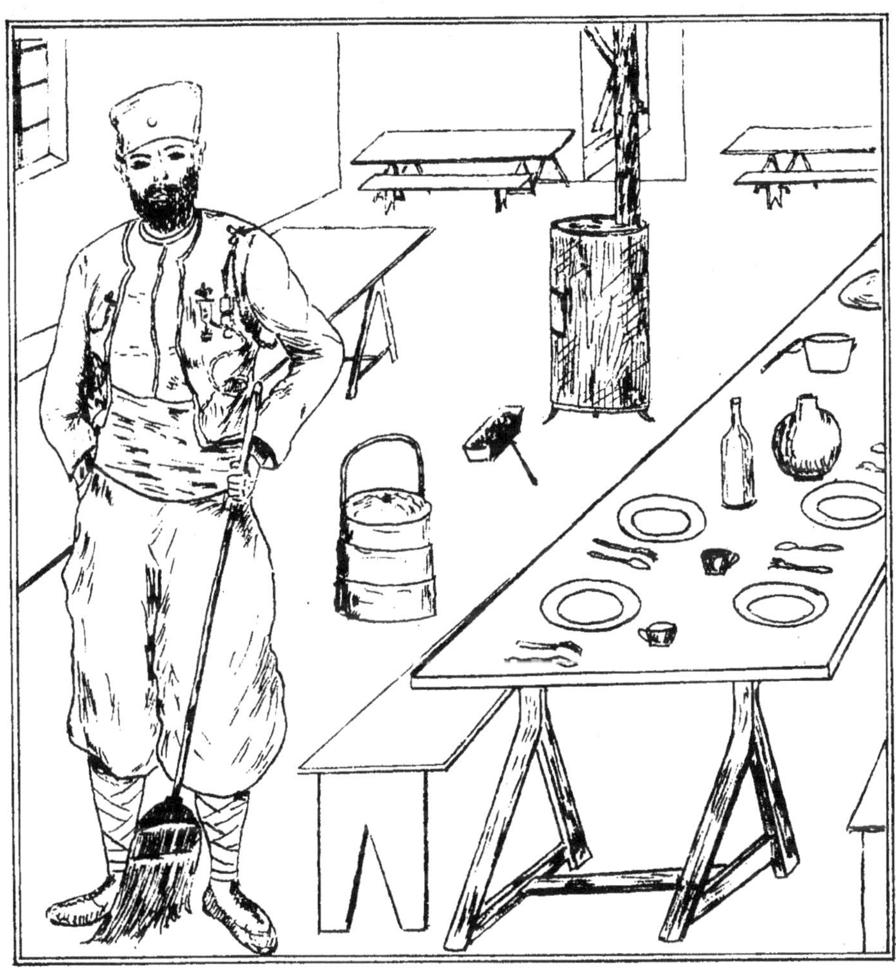

Mots

tebssi	تبسي	« assiette »	tabla	طابلة	« table »
tbassa	تباسي	« pluriel »	touabel	طوابل	« pluriel »

cehâne	صحن	« assiette, plat » (vaisselle)
acehane	اصحان	« pluriel »
mourrefa	مغرفة	« cuiller »
mraref	مغارف	« pluriel »
ferchita (du français)	فرشيطة	« fourchette »
frachète	فراشت	« pluriel »
daïâ	ضيّع	« il a gaspillé »
qareâ	قرعة	« bouteille »
qraâ	قرع	(pl. collectif)
bidoune (du français)	بيدون	« bidon individuel »
biadène	بيدان	« pluriel »
kanoune	كانون	« poêle » (chauffage)
f'hame	فحم	« charbon »
ied	يد	« anse, poignée »
blla	بلا	« sans »
hass	حسّ	« bruit »
qassema	قسمة	« répartition »

bannk	بنك	« banc »
abnak	ابناك	« pluriel »
kar	كار	« quart »
kirane	كيران	« pluriel »
kess	كاس	« verre »
kissane	كيسان	« verres »
mouaâne	مواعن	« vaisselle »
mouss	موس	« couteau »
emmouas	امواس	« pluriel »
r'eta	غطاء	« couvercle »
retaouate	غطاوات	« pluriel »
macelha	مصلحة	« balai »
m'çaleh	مصالح	« pluriel »
kness	كنس	« il a balayé »
fraq	فرق	« il a partagé »
qssem	قسم	id
chourba	شربة	« soupe »

Version

بيت ٱلماكلة متاع ٱلعسكر

bit el-makla mtâ el-assker.—

ٱلعسكر ياكلوا في بيت الماكلة ه وقت ٱلغداء و

el-assker iaklou fi bit el-makla .— ouqet el-r'eda ou

وقت ٱلعشاء يدخلوا فيها بلا حسّ و يقعدوا فوق الابناك

ouqet el-âcha idkhlou fiha blla hess ou iqueâdou fouq el-abnak

كلّ عسكري يقعد في مضربه وكلّ كبران يفرق الماكلة

koull asskri iqueâd fi madrebou ou koull kabrane ifrôq el-makla

بين العسكر متاعه .

bine el-assker mtâou. —

يزيد يفرق لهم الخبز . ياكلوا هذيك الساعة كيف

izid ifrôq lahoum el-khobz . — iaklou hadik essâa kif

الفرنسيس يعني الشّربة ياكلوها بالمغرف واللّحم والخضرة

el-francis iani ech-chourba iaklouha bel-meraref ou el-leham ou el-khodra

بالموس والفرشيطة . يشربوا الماء والقهوة في كيرانهم

bel-mouss ou el-fourchita. — ichorbou el-ma ou el-qahoua fi qiranehoum

كيف خلّصوا ماكلتهم يخرجوا . كاين عسكري اللّي خدمته

kif ekhalçou makielthoum ikhourjou. — kaïne asskri elli khedemtou

غير النّظافة متاع بيت الماكلة . هذا العسكري يغسل

rir en-ndafa mta bit el-makla . — had el-asskri iarssel

المواعن بالماء سخون . يمسح الطّوابل يحطّ كلّ حاجة

el-mouaâne belma sekhoune . — imessah et-touabel ihout koul hajà

في مضربها و يكنس القاعة

fi madrebha ou ioukness el-qaà

Thème

Avez-vous une cuiller et une fourchette? Partagez-le pain. Qu'y a-t-il dans cette bouteille? Pourquoi n'avez-vous pas vos quarts? Qui a cassé ces assiettes? Cette vaisselle n'est pas propre. — Ne gaspillez pas le pain. — Verse-moi un peu d'eau dans le quart. — Où sont les verres? Qui a fait la répartition?

45e Leçon

A LA CASERNE. — LE LOGEMENT

(fel qachela) في ٱلْقشْلة ‑ (el-meskène) ٱلْمسكن

Mots

ferrach	فرّش	« il a fait le lit »	kness	كنس	« il a balayé »
chaïette	شيّت	« il a brossé »	n'fed el-rebar	نفض ٱلغبار	« il a épousseté »

m'ssah eç-çebat	مسح الصّبّاط	« il a ciré » (chaussures)
elkar	الكار	« le quart du soldat »
lamba (du français)	لامبة	« la lampe »
r'ebâr	غبار	« poussière »
matrah	مطرح	« matelas »
m'tarah	مطارح	« matelas » pl.
serir	سرير	« bois de lit »
macelha	مَصْلحة	« balai »
knassa	كناسة	« balayures »
el-berdeâ	البردعة	« le havre-sac »
haït'	حايط	« mur »
ouassâ	واسع	« spacieux »
qaâ	قاعة	« parquet »
el-hacel	الحاصل	« enfin »
çoura ouahda	صورة واحدة	« même façon »

el-bidoune (du français)	آلبيدون	« le bidon individuel »
el-gamila (du français)	آلقاميلة	« la gamelle »
r'etta	غطاء	« couverture »
izâr	إزار	« drap »
izour	إزر	« draps »
m'khada	مخدة	« oreiller »
kanoun mta hadid	كانون متاع حديد	« poële »
chouka	شوكة	« encognure »
rokna	ركنة	« encognure »
fi hadik essâa	في هذيك الساعة	« à ce moment-là »
ben adem	ابن آدم	« l'homme, en général »
methni	مثني	« plié »
m'çafef	مصفّف	« aligné »

Version

خدمة آلعسكر في مسكنهم

khedmet el-assker fi meskène-houm

بيت العسكر واسعة بآلزّاف عَلَى خاطر كاينين

bit el-assker ouesseâ bezaf âla khaṭer kaïnine

عشرين وإلا ثلاثين آللي يرقدوا فيها. كيف يرجعوا من آلحرب

achrine ou îlla thelathine elli iergoudou fiha.— kif ierj'âou men el-harb

اَلعسكر يدخلوا في بيوتهم ويبداوا يخدموا قشّهم

el-assker iedkhelou fi bioutehoum ou iebdaou iakhedemou qachehoum

هذيك السّاعة كيف يدخل ابن آدم يشوف واحد يمسح

hadik essâa kif idkhoul ben adem ichouf ouahed imssah

صبّاطه واحد يفرّش مطرحه واحد يكنس بالمصلحة واحد

cebatou ouahed iffarech mattrehou ouahed iouknes belmeçalha ouahed

يجيب الماء باش يرشّ القاعة، الحاصل كلّ واحد يخدم

ijib el-ma bach irôch el-qaâ, el-hacel koull ouahed iakhdem

خدمته، قشّهم مثني فوق واحد اللّوحة، ابن آدم

khedemtou. — qachehoum methni fouk ouahed ellouha ben adem

ma ielqa chi haja elli ma chi fi mad'rebha

ما يلقى شي حاجة الّي ما شي في مضربها

Thème

La chambrée

Quand on entre dans une chambre de soldats on voit des lits alignés, des paquetages (effets) pliés de la même façon. — Un parquet et des tables propres ; une lampe essuyée, enfin chaque chose à sa place.

Au-dessus de la tête de chaque lit (matelas) il y a une étiquette (papier) qui indique le nom du soldat ou du caporal qui occupe (tient) la place.

46e Leçon

LE CORPS HUMAIN

الجسم متاع ابن آدم el-jessm mtaâ ben adem

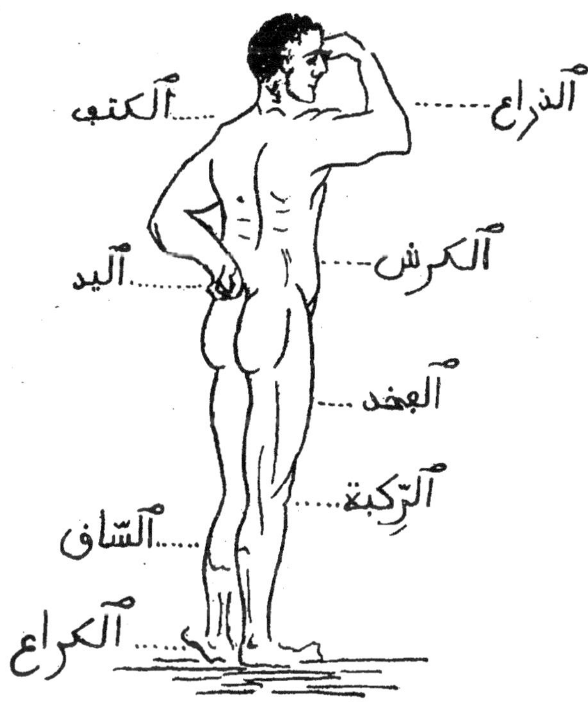

er-ras	الراس	« la tête »	ed-derâ	الذراع	« le bras »
ej-jebha	الجبهة	« le front »	ed-dehar	الظّهر	« le dos »
el-aïnine	العينين	« les yeux »	el-kerch	الكرش	« le ventre »
en-nif	النّيف	« le nez »	el-ied	اليد	« la main »
el-foum	الفُم	« la bouche »	el-fekhad	الفخذ	« la cuisse »

LA TÊTE

Er-ras • آلرّاس

el-ktef	الكتف	« l'épaule »		el-afkhad	الافخاد	« les cuisses »
el-ektef	الاكتاف	« les épaules »		er-roukba	آلرّكبة	« le genou »
ech-cheâr	آلشّعر	« les cheveux »		er-rekaïb	الركايب	« les genoux »
el-oudenine	آلأُذنين	« les oreilles »		el-kraâ	الكراع	« le pied »
echelar'em	آلشّلاغم	« les moustaches »		el-qdem	القدم	« le talon »

LA PROPRETÉ

En-n'dafa اَلنّظافة

el-lehya اَللّحية « le menton, la barbe »

eç-çeder اَلصّدر « la poitrine »

el-aqdam اَلاقدام « les talons »

es-saq اَلسّاق « la jambe »

es-siqane اَلسّيقان « les jambes »

Mots

les-snane ٱلاسنان « les dents »

inoud ينوض « il se lève »

ir'ssel يغسل « il lave »

hammam حمّام « bain »

n'dif نظيف « propre »

n'daf نظاف « propres »

n'dafa نظافة « propreté »

mouassekh موسّخ « sale »

oussakh وسخ « saleté »

ieteâra يتعرّى « il se déshabille »

âlaq علّق « il a suspendu »

ragba رقبة « cou »

masmas مصمص « il a rincé »

l'sane لسان « langue »

serbita (du français) سربيطة « serviette »

çâboun صابون « savon »

iemseh rouhou يمسح روحه « il s'essuie »

iemchet chârou يمشط شعره « il se peigne les cheveux »

mechta مشطة « peigne »

aïne عين « fontaine »

aïoune عيون « fontaines »

itehamam يتحمّم « il se baigne »

iâoum يعوم « il nage »

sekhoun سخون « chaud » adj.

bâred بارد « froid » adj.

krah كره « il a détesté »

Version

en-ndafa ٱلنّظافة

مرّة في ٱلجمعة ٱلعسكر يروحوا يتحمّموا في ٱلحمّام بٱلماء

mara fi ej-jemeâ el-assker irouhou ietehamou fel-hammam bel-ma

سخون و ٱلصّابون ٭ قبل ما يدخلوا لبيت الحمّام ينحّوا

sekhoun ou eç-çaboune. — qabel ma iedkhelou lbit el-hammam inehou

قشّهم و يعلّقوه في جِهَة ٭

qachehoum ou ialqouh fi jiha.

بعد ما يتحمّوا سواسوا كلّ واحد يمْسح روحه مليح

bâd ma iethhammou soua-soua koul ouahed iemsseh rouhou mlih

و يلْبس حوايجه ⊕ في آلايّام الأُخرين

ou ilbess houaïjou . — fel-eïam el-okhrine el-assker

يغْسلوا وجوهُمْ ويديهُمْ و رجليهُمْ في آلعيون

iareslou oujouhoum ou idihoum ou rejlihoum fel-aioune

آلّي حذا بيوتهُمْ ⊕ و وقْت آلصّيف العسكر يروحوا

elli hada biouthoum . — ouqet eçif el-assker irouhou

يعوموا في آلبحر

iâoumou fel behar. —

Thème

Les soldats se lavent tous les matins, la figure, le cou et les mains. Ils s'essuient avec leur serviette et se rincent la bouche. — Ils doivent toujours avoir les pieds et les autres parties (endroits) du corps en état de propreté(propres). — Le soldat malpropre est détesté de ses camarades. —

47e Leçon

LE MÉDECIN ET LES MALADES ٱلطّبيب وٱلنّاس ٱلمراض

Et-tebib ou en-nas el-merad

kef	كفّ	« paume de la main, gifle »	habba	حبّة	« bouton »
k'fouf	كفوف	« id. pl. »	mentoukh	منفوخ	« enflammé »
ç'bô	صبع	« doigt »	j'rab	جرب	« gale »

çouabâ صوابع « doigts »
oûkaza عكّازة « béquille »
akakez عكاكز « id. pl. »
doukha دوخة « étourdissement »
jorh' جرح « plaie »
jedri جدري « variole »
kina كينة « quinine »
skhana سخانة } « fièvre »
hemma حمّة }
âçabâ عصابة « bandeau »
dehen دهن « pommade »
Jeri el kerch جري الكرش « diarrhée »
iebrâ يبرا « il guérira »
qaleb قلّب « il a ausculté »
mard' مرض « maladie »
bit el-môrd'a بيت المرضى « infirmerie »

çoufaïr صفّاير « jaunisse »
s'âl سعل « il a toussé »
saâla سعلة « toux »
t'quia تقيّى « il a vomi »
douâ دواء « remède »
naâch نعش « brancard »
f'ced فصد « il a vacciné »
guih قيح « pus »
t'nefess تنفّس « il a respiré »
âraq عرق « il a transpiré »
r'âf رعف « il a saigné »
neha ed-dem نحّى الدّم « il s'est fait saigner »
oujâ وجع « douleur »
idhôr يضرّ « il fait mal »
douâ دواء « médicament »
r'bate رباط « pansement »
brâ برا « il est guéri »

Version

et-tebib mtâ el-assker الطّبيب متاع العسكر

كلّ يوم الطّبيب يقلب النّاس الّي هُمَا مراض

koul ioume et-tebib iqaleb en-nass elli houma m'rade. —

كاينين الّي مراض من رجليهُمْ كاينين الّي مراض من

kaïnine elli mrad'e men rejlihoum kaïnine elli mrade men deraïhoume

ذرايهُمْ ۔ كاينين آلّي مجروحين ۔ كاينين ثاني آلّي كرشهُمْ

dheraïhoum kaïnine elli majrouhine . — kaïnine thani elli kerchehoum

تجْري ۔ لكلّ واحد يمدّ له آلدّوا آلّي لازمه ۔ آلّي مجروح

tejri . — lkoull ouahed imed lou eddoua elli lazmou. — elli majrouh

من راسه وإلّا من يده وإلّا من رجْله يعمل له رباط

men rassou. ou ella men iedou ou ella men rejlou iâmel lou rebat

عْلى الجرح باش ما يدْخل شي فيه الغبار

âlla ej-jorh bach ma iedkhoul chi fih el-rebar

Thème

Les malades chez le médecin

Ce matin à la visite (du médecin) il y avait quatre malades ; l'un avait une blessure à la tête, l'autre une blessure au bras, le troisième toussait beaucoup, le quatrième était blessé au pied et marchait avec une béquille. — Je vis de loin un cinquième que l'on transportait (porté) sur un brancard ; le médecin l'avait examiné et m'a dit qu'il avait beaucoup de fièvre.

48e Leçon

LE PRÊT

ٱلرّاتب er-rateb ٱلْباقة el-baga

celib	صليب	« croix »
koul khmastache nioume	كلّ خمستاش يوم	« tous les quinze jours »
khaless	خلّص	« il a payé »
sallek	سلّك	« il a payé »
serjane major	سارجان ماجور	« sergent-major »
hatt khat	حطّ خطّ	« il a signé »
iedou	يده	« il a signé »
drahem	دراهم	« argent monnaie »
flouss	فلوس	« argent monnaie »
h'sseb	حسب	« il a compté »
çourdi	صوردي	« un sou »
çouared	صوارد	« des sous »

sbitar (du français)	سبيطار	« hôpital »
bit el-mordha	بيت المرضى	« infirmerie »
redd	ردّ	« il a rendu »
b'âth	بعث	« il a envoyé »
fadha	فضّة	« pièces d'argent »
qarreb	قرّب	« il a approché »
frank	فرنك	« un franc »
karreta	كاغطة	« un billet »
kouarret	كواغط	« des billets »
çarf	صرف	« monnaie »
çarraf	صرّف	« il a fait la monnaie »
ouaça	وصّى	« il a recommandé »

Version

عمار يعرف يحسب مليح ٥ بعثه السّارجان ماجور

Ammar (n.p.) iâref iahsseb mlih. — bâthou es-serjane-major

باش يصرّف له خمسة كواغط متاع مية فرنك

bach içaref lou khamssa kouarret mtâ miat frank

ووصّاه يجيب له مية فرنك صوارد ميتين فرنك فضّة

ou ouaçah ijib lou miat frank çouared mitine frank fadha

و ميتين فرنك كواغط متاع عشرين وعشرة وخمسة فرنك ٥

ou mitine frank kouarret mtâ achrine ou âchra ou khamssa frank.—

كيف يرجع عمار من البلد السّارجان ماجور يخلّص هذيك

kif ierjâ àmmar men el-belad es-serjane major ikhaless hadik

السّاعة الباقة للنّاس

essaâ el-bagua lenass. —

Thème

Va me faire de la monnaie. — Voilà un billet de cent francs; tu m'apporteras dix francs de sous, cinquante francs en billets de cinq francs et quarante francs en billets de dix.— Approche, voilà ton prêt, compte bien, signe ici. — Je ne sais pas signer. — Fais une croix. Veux-tu un billet de dix francs ou deux billets de cinq francs ? As-tu payé les hommes qui sont à l'hôpital ?

49° Leçon

LE TIR

El-rami ٱلرّمى

1° es-shab ٱلسّحاب « le nuage »
2° el-âllama ٱلعلامة « le fanion »

5° echêmss ٱلشّمس « le soleil »
6° el-koudia ٱلكُدية « la colline »

3° el-qobtane iouari اَلْقُبْطان يوَرّي « le capitaine montre »

4° en-nekhal اَلنّخل « les palmiers »

enqessem اَنْقسم « il s'est partagé »

el-nichane noumero ouahed اَلنّيشان نومرو واحد « la cible numéro un »

çouab صواب « direction »

rma رمى « il a tiré »

iermi يرْمى « il tire »

âmmar عمّر « il a chargé »

btol بطل « il a raté »

en-noqta el-kahla اَلنّقطة الكحلاء « le point noir »

en-nqot el-kohel اَلنّقط الكُحل « les points noirs »

iâmmar يعمّر « il charge »

âïne عيّن « il a visé »

iâïne يعيّن « il vise »

bâroud بارود « poudre » (à canon)

znade زناد « détente » (d'un fusil)

jebira جبيرة « cartouchière »

jebaïr جباير « cartouchières »

echarïâ mta en-nichane الشّريعة متاع النّيشان « le règlement du tir »

kharj خارج « en dehors »

khalaçe خلّص « il a achevé »

batelou el-qars بطّلوا القرص « cessez-le feu ! »

reçaça رصاصة « une balle »

r'çace رصاص « les balles » (en général)

âmr أمر « ordre, commandement

dara دارة « cercle »

nichane نيشان « cible »

memdoud âla kerchou ممدود على كرشه « couché à plat ventre »

à la roukba على ركبة « à genou »

bel ouaqfa بالواقفة « debout »

fchak فشاك « cartouche »

fchakète فشاكات « cartouches »

ebdou el-qars ابداوا القرص « commencez le feu ! »

elfechakat el-fareraïne الفشاكات الفارغين « les étuis »

es-sanedouq mtâ el-bâroud الصّندوق متاع البارود « la caisse de cartouches »

Version

كيف يتعلّموا مليح الشّريعة متاع النّيشان العسكر

kif iteâlmou mlih echariâ mta en-nichane el-assker

يروحوا يرموا البارود بالرّصاص خارج البلد

irouhou iermou el-bâroud b'rreçace kharej el-belad

كيف يوصلوا في مضرب الرّمى يتقسّموا ثمانية ثمانية .

kif ioucelou fi madhreb er-rami ietqasmou themania, themania. —

الثّمانية الأوّلين ياخذوا البارود و يقدّموا .

ethemania ellaouline iakhdhou el-bâroud ou iqedmou. —

كلّ واحد يمْشى صواب نيشانه حتّى يامروا عليهمْ

koul ouahed imechi çouab nichanou hatta iâmrou âlihoum

باش يوقفوا . كاينين الّي يضْربوا ممدودين كاينين

bach iouqfou. — kaïnine elli iderbou memdoudine kaïnine

الّي يضْربوا عَلَى ركبتهمْ . وقْت الّي يبطّلوا القرص

elli iderbou alla rekbethoum. — ouqet elli ibatlou el-qarss

يبْقوا في مضربهمْ حتّى يامروا عليهمْ ينوضوا .

iebqou fi medarebhoum hatta iâmrou âlihoum inoudhou .—

من بعد يمدّوا فشاكاتهمْ الفرغين و يمْشوا باش

men baâd imedou fchakathoum el-fareraïne ou iemchou bach

يخلّوا مضاربهمْ لصحابهمْ الّي ما زالوا ما ضربوا شي

ikhalou medarabhoum lcehabhoum elli ma zalou ma darbou che

Thème

Comptez vos étuis. — Visez les points noirs qui sont devant vous. — Ne commencez pas (encore) le feu. — Prenez les cartouches des cartouchières. — Ne tire pas avec ce fusil, le canon est bouché. — Regardez toujours la cible. — Tire à genou. — Tire couché. — Tirez debout. — Levez-vous. — Allez verser les étuis. — Ne chargez pas. Cette cartouche a raté.

50e Leçon

« L'HABILLEMENT DES SOLDATS »

LABSET EL-ASSKER & لبسة آلعسكر

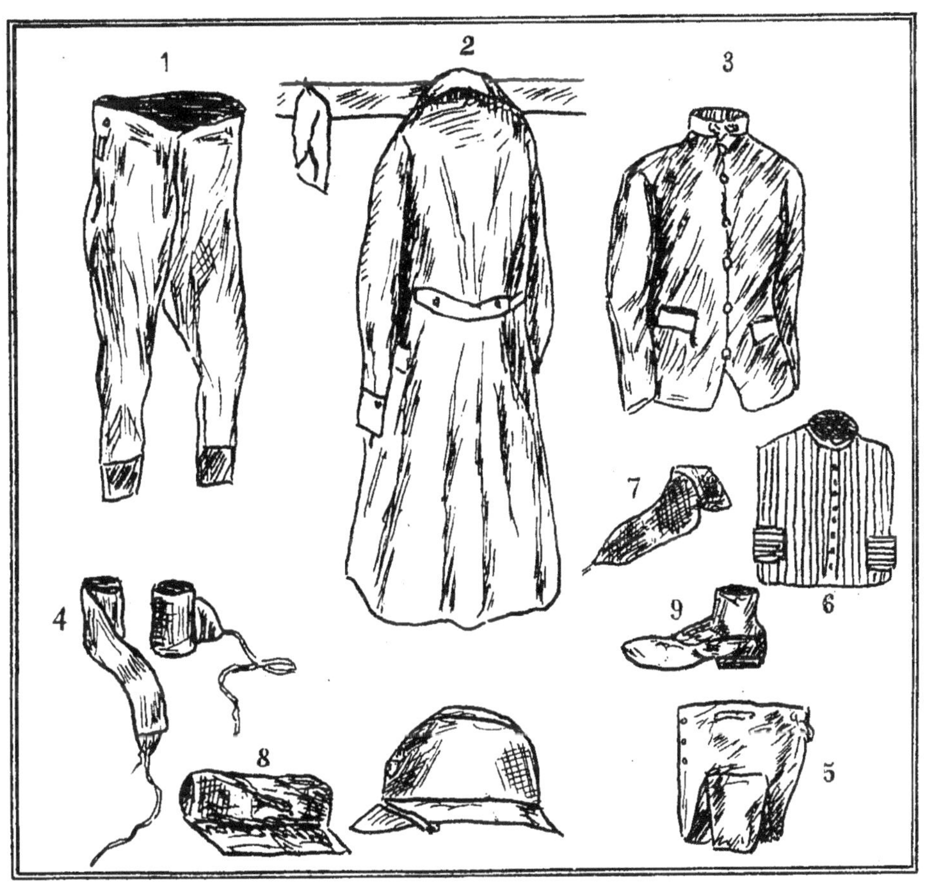

1. sarroual سروال « culotte »
2. kaboute كابوط « capote »
   (du français)
3. festa فيستة « veste »
   (du français)
4. trabeq طرابق « bandes molletières ou guêtres »
5. sarroual tahtani سروال تحتاني « caleçon »
6. qmeja قمجة « chemise »
7. tqacher تقاشر « chaussettes »
8. h'zame ou chemla حزام « ceinture de laine »
9. çabate صبّاط « soulier »
10. chachïa شاشية « chéchia »

El-jeloud الجلود Les cuirs

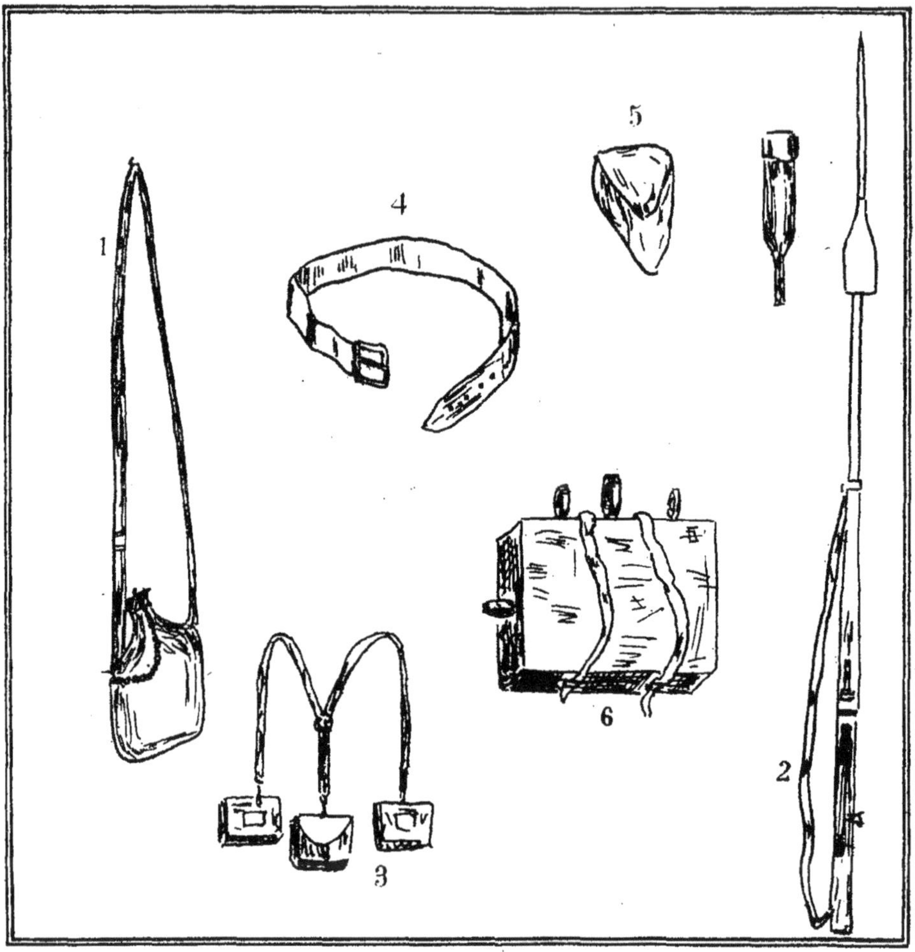

Mots

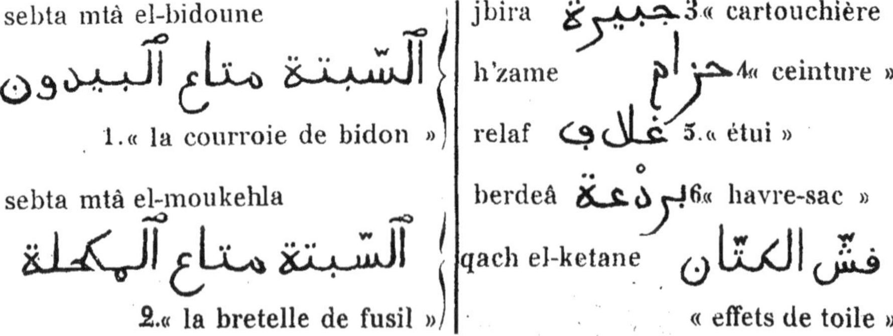

sebta mtâ el-bidoune
السبتة متاع البيدون
1.« la courroie de bidon »

sebta mtâ el-moukehla
السبتة متاع المكحلة
2.« la bretelle de fusil »

jbira جبيرة 3.« cartouchière »

h'zame حزام 4.« ceinture »

relaf غلاف 5.« étui »

berdeâ بردعة 6.« havre-sac »

qach el-ketane قش الكتان
« effets de toile »

qach el-melf فشّ الملف « effets de drap »

lebssa لبسة « tenue »

l'bess لبس « il s'est habillé »

fel-hine في الحين « immédiatement »

jeloud جلود « cuirs »

sebta سبتة « courroie »

sbout سبوت « id. » *pl.*

çaïf صيف « été »

cheta شتاء « hiver »

berd برد « froid » (subst)

broud برود « fraîcheur »

houmane حمّان « chaleur »

bedel بدّل « il a changé »

ouessakh وسّخ « il a sali »

mouessakh موسّخ « sale »

n'dif نظيف « propre »

hal حال « température »

ouader ودّر « il a perdu »

ikhabar يخبر « il fait connaître

iâllame يعلم il rend compte »

bâred بارد « froid » adj.

hakda هكذا « ainsi »

zmane زمان « époque »

arague عرق « il a transpiré »

estahfed آستحفظ « il a entretenu » (tenir en bon état)

dhamen ضامن « responsable »

relafate غلافات « étuis. »

jbaïr جباير « cartouchières »

Version

العسكر عندهم زوج لبسات كتّان و زوج لبسات ملف

el-assker and houm zouj lebssat ketane ou zouj lebssat melf. —

في وقت الشّتاء يلبسوا فشّ الملف على خاطر الحال بارد

fi ouaqt ech-cheta ielbessou qach el-melf âla khater el-hal bâred .—

و في وقت الحمّان يلبسوا فشّ الكتّان باش يكون عندهم

ou fi ouaqt el-houmane ielbessou qach el-ketane bach ikoun andhoum

el-beroud.— ه البرود

كيف يخرجوا يحوّسوا في المدينة يلبسوا مليح

kif ikhourjou ihaoussou fel-mdina ielbessou mlih

هكذا ما يضحكوا شي عليهمْ النّاس البرّاه في

hakda ma idahkou chi âlihoum en-nass el-barra. — fi

زمان الحمّان العسكر يبدّلوا مرّة وإلا مرّتين قشّهمْ

zemane el-houmane el-assker ibedlou marra ou illa marratine qachchehoum

في الجمعة عَلَى خاطر يعرفوا بالزّاف

fel-jemeâ âla khater iârgou bezzaf

Thème

Habillez-vous rapidement. — Tous les hommes seront dans la même tenue. — Fermez les fenêtres et changez de chemise (vos chemises). — Les soldats sont responsables des effets ou objets qu'ils détiennent (qu'ils ont) et qu'ils doivent entretenir en bon état. Quand un soldat a perdu un effet ou un objet il en rend compte immédiatement (dans l'heure) à son caporal.

51e Leçon

LES EFFETS ET OBJETS DU SOLDAT

حوايج ٱلعسكري

(Houaïj el-asskri)

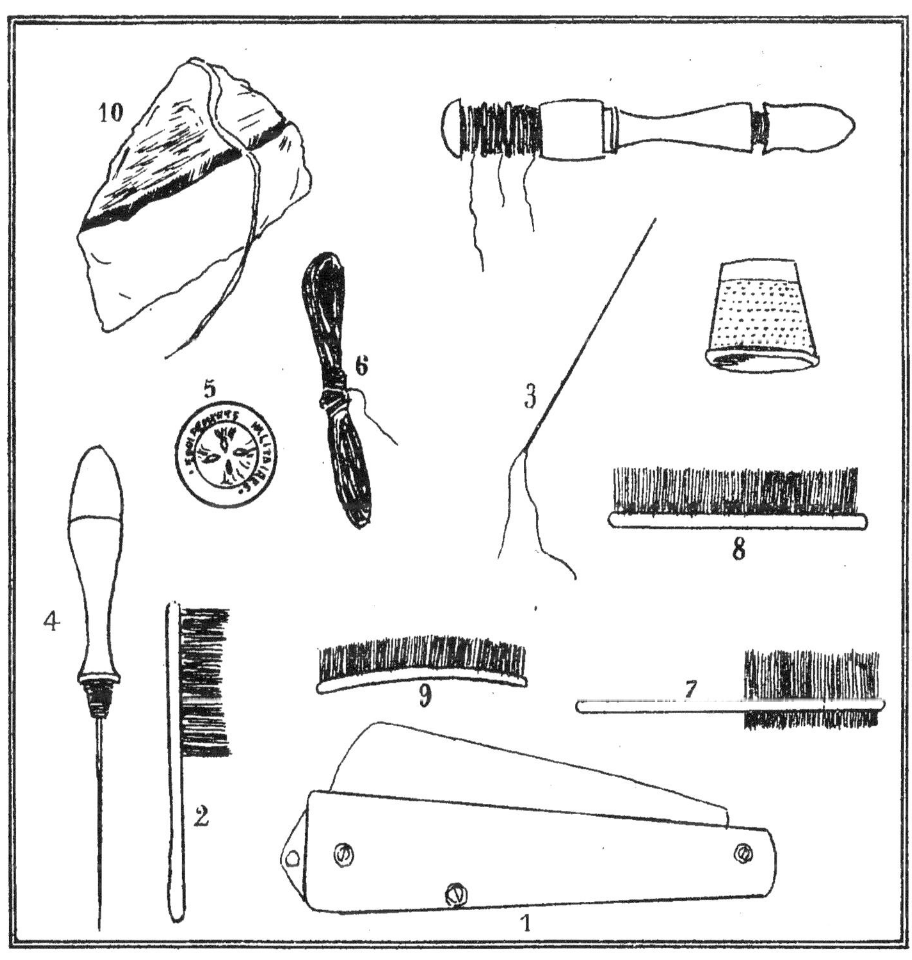

Mots

mous موس 1. « couteau »

chita mtâ es-selah شيتة متاع ٱلسّلاح 2. « brosse d'armes »

ebra ابرة 3. « aiguille »

ibari اباري « aiguilles »

ichfa اشفة 4. « alène »

qoufla فعلة 5. « bouton »

khitt خيط 6 « fil »

el-chîta mta eç-çebate
آلشّيتة متاع الصّبّاط
7. « la brosse à chaussures »

el-chîta mtâ el-ressil
آلشّيتة متاع آلغسيل
8. « la brosse à laver »

el-chîta mtâ el-melf
آلشّيتة متاع آلملْف
9. « la brosse à habits »

chekaret el-ebari
شكارة آلابري
10. « la trousse »

raqâ رقع « il a réparé, raccommodé »

baleto بالطو « veste, paletot » (du français)

hezame حزام « ceinture »

bedel بدّل « il a changé »

men koul loun من كلّ لون « de toutes les couleurs »

kahel كحّل « il a noirci »

koul chi ma ielzem كُلّ شي ما يلزم « tout ce qui est nécessaire »

naqace نافص « manquant »

iâni يعني « c'est-à-dire »

cherreq شرّق / qatâ قطّع « il a déchiré »

oussakh وسخ « tache »

hakk حكّ « il a frotté »

Version

باش يستحفظ عَلَى قشّه العسكري عنْده كُلّ شي
bach isstahfadh âla qachou el-asskri andou koul chi

ما يلْزمه يعني آلشّيتة متاع الغسيل باش يغسل بِها
ma ielzmou iâni ech-chita mta el-ressil bach iarrssel biha

قشّه ـ آلشّيتة متاع الملْف باش ينحّي آلغبار من حوايجه ـ
qachou. — ech-chita mtâ el-melf bach inahi el-rebar men houaïjou. —

آلشّيتة متاع الصّبّاط باش يكحّل بِها صبّاطه ـ عنْده ثاني
ech-chita mtâ eççebatt bach ikahel biha cebattou. — andou thani

ٱلْخيط من كلّ لون وٱلابارى باش يخيّط حوايجه المقطّعين

el-khit men koul loun ou el-ibari bach ikhaït haouaïjou el-meqataïne

Thème

Ton pantalon est déchiré, va le coudre. — Raccommodez vos effets. — Frotte cette tache avec une brosse et du savon. — Il manque un bouton à ta veste (un bouton manquant à ta veste). Ce bouton n'est pas de la même couleur que les autres, il faut le changer. Réparez vos chemises. Couds cette ceinture avec du fil rouge.

52e Leçon

LE MAGASIN D'HABILLEMENT ET L'ECHANGE D'EFFETS

ٱلْمخزن متاع ٱلقشّ وٱلتّبديل متاع ٱلحوايج

El-makhzen mtâ el-qache ou et-tebdil mtâ el-Houaïj

Mots

jedid	جديد	« neuf »
jded	جداد	« plur. »
qdim	قديم	« vieux »
qdom	قدم	« plur. »
d'henn	دهن	« il a graissé »
dhïâq	ضيّق	« étroit »
âridh	عريض	« large »
ceghir	صغير	« petit »

bedel بدّل « il a changé »

m'bdel مبدّل « changé »

qass قاس « il a essayé »

iqiss يقيس « il essaye »

jarrab جرّب « il a essayé »

ijarrab يجرّب « il essaye »

cebate صبّاط « soulier »

jarrab had eç-çabate

جرّبْ هذا الصّبّاط

« essaye cette paire de chaussures »

çahih صحيح « solide »

bêlli بآلّي « que » (conj.)

âmar أمر « il a prescrit, il a ordonné »

iâmar يامر « il prescrit, il ordonne »

hezam حزام « ceinture tour de taille »

ouarriou-li ورّوالي « montrez-moi »

ceghir âlïa صغيرعليّ

« ça m'est trop petit » (text petit sur moi)

kebir âlïa كبيرعليّ

« ça m'est trop grand »

qadd قدّ « taille »

qaddi قدّي « ça me va » (text à ma taille)

ma chi qaddek ماشي قدّك

« ça ne te va pas » (text pas à ta taille)

qmejtek ma zelt cehiha

قمجتك مازالتْ صحيحة

« ta chemise est encore bonne »

methel مثل « comme »

m'âmar معمّر « rempli »

d'fâ دفع « il a versé »

noumerou نومرو « numéro, matricule »

Version

كيف يامر القبطان وإلّا فسيان بآلّي حوايج قدم عند

kif iamer el-qobtane ou illa fessiane belli houaïj qdom and

عشكر لازم يتبدّلوا السّارجان ماجور يقول لهذوك

assker lazem ietbadlou es-sarjane major iqoul lhadhouk

العسكر جيبوا قشكمْ القديم باش نبدّله لكمْ ٥

el-assker jibou qachekoum el-qdim bach nebadel hou lakoum. —

يروحوا في هذيك ٱلسّاعة لواحد ٱلبيت مثل ٱلمخزن

irouhou fi hadhik es-saâ laouhed el-bit methel el-maghzen

معمّرة بٱلقشّ ٱلّي لازم ٱلعسكري من ٱلصّبّاط حتّى

maâmra belqach elli lazem el-asskri men eç-cebat hatta

لشاشية . ثمّ يدفعوا قشّهُمْ ٱلقديم وياخدوا في

lechachïa. — them iadfeâou qachehoum el-qdim ou iakhdou fi

مضربه واحد جديد وإلا صحيح

maderbou ouahed jedid ou illa cehih. —

Thème

Allez changer de culotte (vos culottes). — Je ne change pas ta chéchia, elle est encore bonne. — Cette chemise ne porte pas ton matricule (ton numéro). — Essayez ces chaussures. Ces chaussures vous sont trop petites (sont petites sur vous) trop grandes (grandes sur vous). — Essaye cette chéchia ; prends-la, elle te va bien. — Donne-moi la vieille. — La ceinture de cette culotte (pantalon) est trop grande. — Il faut graisser vos chaussures. — Montrez-moi votre tenue de drap n° I. —

53e Leçon

EL-RABOUL ٱلرّابول « LE RAPPORT »

Mots

h'dar حضر « il a assisté »

akhbar اخبار « nouvelles, informations »

âla chânehoum عَلَى شانهُمْ « les concernant »

ahbab احباب « amis »

el-redoua men dhak ٱلغدوة من ذاك « le lendemain »

âla châne khedmethoum عَلَى شان خدمتهُمْ « concernant leur service »

ouldine والدين « parents, père et mère »

oualdihoum والديهُم « leurs parents »

h'bib حبيب « ami »

meaïne معيّن « désigné »

fakkar فكّر « il a rappelé »

lebssa mliha لبسة مليحة « bonne tenue »

ourdonnace (du français) وردوناس « soldat ordonnance ».

koummanda (du français) كمانْدا « commandant »

men ellioum من اليوم « à partir d'aujourd'hui »

Version

كلّ يوم ٱلعسكر يحضروا للرّابول باش يسْمعوا

koull ioume el-assker iahdrou lellraboul bach iassmeâou

الاخبار عَلَى شانهُمْ و عَلَى شان خدمتهُمْ

el-akhbar âla chânehoum ou ạla châne khedmethoum. —

في هذاك ٱلوقت يمدّوا لهُمْ البراوات ٱلّي

fit hadak el-ouaqet imedou lehoum el-beraouat elli

يجيوا من عنْد والديهُمْ وإلّا من عنْد

ijou men ând oualdihoum ou illa men ând

احبابهُمْ ، يقولوا لهُمْ ثاني أش من خدمة

ahbabhoum. — iqoulou lahoum thani ach men khedma

تكون عندهُمْ لغدوة من ذاك ، في ٱلرّبول

takoun and houm lerredoua men dhéq .— fi raboul

يعيّنوا ٱلنّاس ٱلّي يروحوا يشدّوا ٱلعسّة

iâînou en-nass elli irouhou ichedou el-âssa

Thème

Les hommes désignés de garde, sortez ! Vous irez chez le perruquier vous faire couper les cheveux (qu'il vous coupe les cheveux). Le capitaine rappelle aux hommes qu'ils doivent avoir une bonne tenue en ville. — Le tirailleur Abd-el-Kader (le soldat) est désigné comme soldat ordonnance (est désigné ordonnance chez le) du commandant ; il commencera son service (travail) à partir d'aujourd'hui. — Ce soir à quatre heures, revue (تـفـليب) d'armes.

54e Leçon

LE PERRUQUIER

El-hafâf mtâ el-assker ٱلحفّاف متاع ٱلعسكر

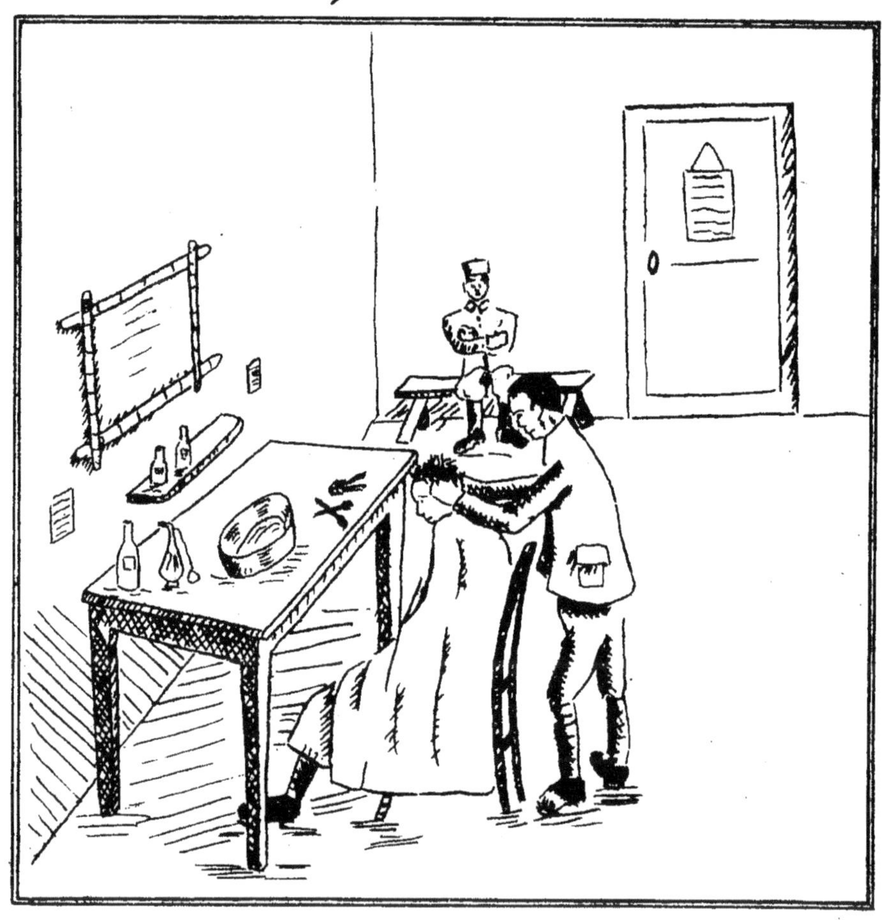

Mots

machina mtâ ech'cheâr
مشينة متاع ٱلشّعر
« tondeuse »

tahar ed-douzane طهر ٱلدّوزان
« il a désinfecté les outils »

jibe جيب « poche »

m'qace	مقصّ	« ciseaux »
qace ech-cheâr	قصّ ٱلشّعر	« il a taillé les cheveux »
mechta	مشطة	« peigne »
chitta	شيتة	« brosse »
hafaf	حفّف	« il a rasé »
m'hafaf	محفّف	« rasé »
kibhal	كبحال	« comme »
estahaqq	أسْتحقّ	« il a eu besoin »
iestahaqq	يسْتحقّ	« il a besoin »
igoul âliha	يقول عليها	« il en parle »
n'dhif	نظيف	« propre »
khalace	خلّص	« il a payé »

m'senn	مسنّ	« pierre à rasoir »
mous	موس	« rasoir »
amouas	امواس	« id. *plur.* »
batel	باطل	« gratuit »
blache	بلاش	« id. »
lahia	لحية	« barbe »
douzane	دوزان	« accessoires »
m'harar	محرّر	« exempté »
r'ha	رحى	« il a repassé »
rahaï	رحّاي	« aiguiseur »
qçir	قصير	« court »
touïl	طويل	« long »
mraïa	مراية	« miroir »
maqçouce	مقصوص	« coupé »

Version

حفّاف ٱلعسكر ما هو شي كيف حفّاف ٱلمدينة

hafâf el-assker ma hou chi kif hafâf el-medina. —

لا لا هُوَ عسكري كبحال ٱلعسكر ٱلأُخرين

La la houa kibhal el-assker el-lokhrine

ولكن ما يروح شي يحرّب كلّ يوم معهُمْ

ou laken ma irôh chi iharrab koul ioume m'âhoum. —

عنْده بيت في ٱلقشلة يحطّ فيها دوزانه

andou bit fel qachela ihôtt fiha douzanou. —

وفيها ثاني يحفّف للعسكر باطل كِما

ou fiha thani ihafef lel-assker battel kima

تقول آلشّريعة • وقت آلّي يستحقّ حاجة

tqoul ech-chariâ . — ouqet elli iestahaq haja

يقول عليها السرجان ماجور متاعه باش

iqoul âliha lesarjane major m'tâou bache

يشريها له • هُوَ ما يخلّص حتّى صوردي

iechriha lou. — houa ma ikhalace hâtta çourdi

من جيبه

men jibou. —

Thème

Perruquier, as-tu un peigne et des ciseaux? Combien as-tu de tondeuses? Dis-moi ce qu'il te manque (ce qui manque chez toi). Tu iras chaque samedi à l'infirmerie pour faire désinfecter (pour qu'ils désinfectent) tes instruments. — Je t'ai acheté une pierre à rasoir, la voici. — As-tu rapporté les rasoirs de chez le repasseur? Les cheveux doivent être coupés courts.

55e Leçon

LE CHEVAL ET L'ÉCURIE

El-âoud ou el-marbet ٱلعود و ٱلمربط

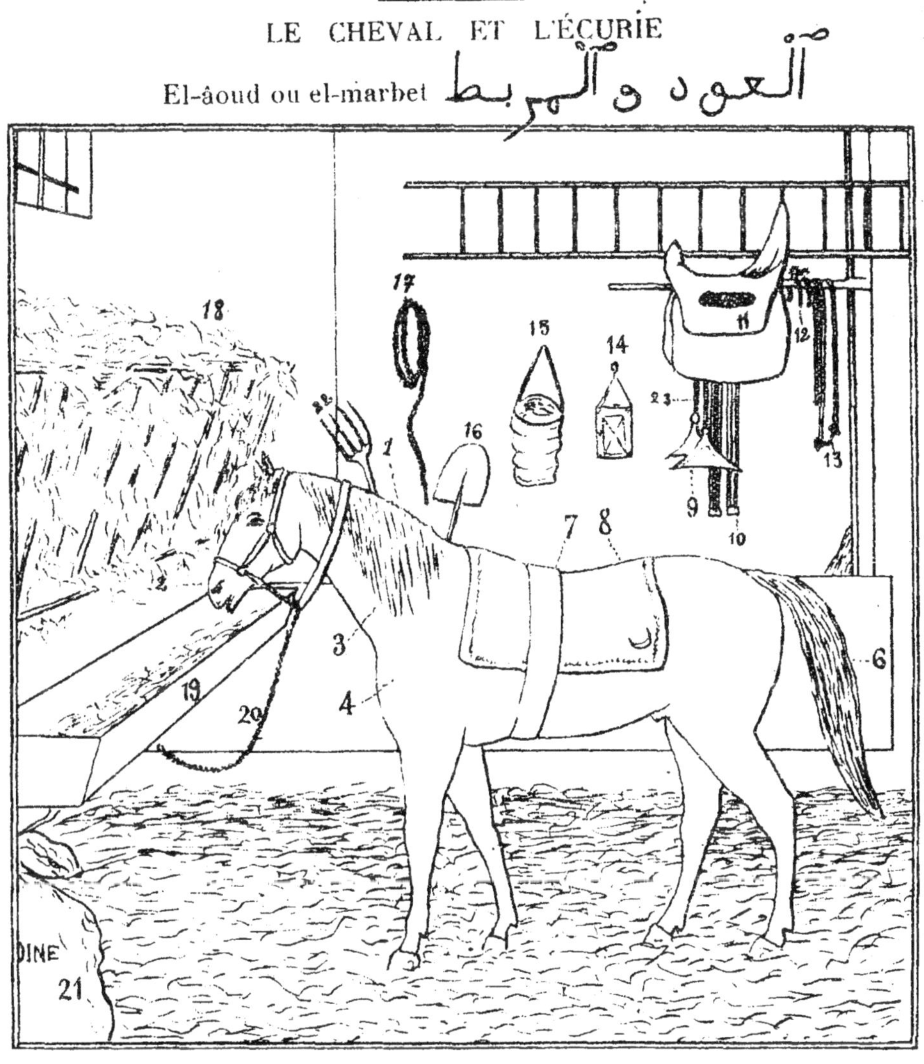

Mots

âoud عود hçane حصان	« cheval »	
1. sebibe	سبيب	« crinière, crin »
2. mnakher	مناخر	« naseaux »
3. ragueba	رقبة	« encolure »
12. chebour	شبور	« éperons »
13. ljem	لجم	« bride »
14. fnar	فنار	« lanterne »
15. belioun	بليون	« seau »
16. balla	بالة	« pelle »

4. bedra بادرة « poitrail »

5. hafer حافر « sabot »

houafer حوافر « sabots »

6. dfer ذفار « queue »

7. h'zem حزام « sangle »

8. jellal جلال « couverture de cheval »

9. rkâb ركاب « étrier »

rkâbat ركابات « étriers »

10. h'zem حزام « sangle »

11. serje سرج « selle »

hekk حكّ « il a étrillé »

m'hekka محكّة « étrille »

marbete مربط « écurie »

khouz bel âoud خزّ بالعود « fais trotter le cheval »

istahfed b.... يشتحفظ بـ « il a soin de.... »

eïâme ايّام « jours »

rkeb ركب « il est monté à cheval »

t'haqeq تحقّق « il s'est assuré »

ida إذا « si »

qallab قلّب « il a examiné »

sammâr سمّار « maréchal ferrant »

17. hebel حبل « corde »

18. gourt قُرط « foin »

19. m'doud مدود « mangeoire »

20. selssla سلسلة « chaîne »

21. khourtal خرطال « avoine »

22. medra مدرَى « fourche »

23. sir er-rekab سير الرّكاب « étrivière »

qarbous قربوس « arçon »

chekkel شكّل « il a entravé » (un cheval)

chekal شكال « entrave »

khaz خزّ « il a trotté »

khil خيل « chevaux »

jeneb جنْب « côté, flanc »

ejnnabe اجناب « id. pl. »

ennjerah انْجرح « il s'est blessé »

naqace نافص « manquant »

mesmar مسمار « clou »

samar سمّر « il a ferré »

tebib el-khil طبيب الخيل « vétérinaire » (text médecin des chevaux)

queddache men... قدّاش من « combien de... »

tasmira تسميرة « fer à cheval »

Version

عود القبطان متاعنا

âoud el-qobtane metâana

القبطان متاعنا يستحفظ بالزاف بعوده .

el-qobtane mtâana iestahfed bezzaf b' àoudou. —

الايام آلّي ما يركب شي فيهم يروح يشوفه

el-eïame elli ma ierkeb chi fihoum irouh ichoufou.—

يمسح ظهر العود بيده باش يتحقّق إذا العسكري

imssah dehar el-àoud biadou bach iethaqaq ida el-asskri

شيّته مليح . يقلّب اجنابه إذا ما انّجرح شي ويزيد

chaïtou mlih. — men bâd iqaleb jenabou ida ma ennjerah chi ou izid

يقلّب حوافره إذا ما كان شي تسميرة ناقصة وإلا حجرة

iqaleb houafrou ida ma kan chi tasmira naqssa ou illa hajra

دخلت في حافر من حوافره . قبل ما يخرج من المربط

dakhlet fi hafer men houafrou . — qabel ma ikhrouj men el-marbet

يشوف إذا كلّ حاجة مخدومة ومحطوطة في مضربها

ichouf ida koul haja makhdouma ou mahtouta fi madrebha. —

Thème

Le cheval devra être sellé pour sept heures (sur sept heures). Montre-moi la selle, la bride, les étriers, les étrivières. — Le vétérinaire a-t-il examiné le cheval ? Comment s'est-il blessé ? Où est l'avoine du cheval ? Comment fais-tu pour étriller le cheval ? Combien y a-t-il de chevaux dans cette écurie ? Ce cheval a perdu un fer. — Je ne monterai pas demain. — Tiens-moi l'étrier. — Amène-moi le cheval. —

56e Leçon

LES JEUX DES SOLDATS

El-laàb mtâ el-assker اَللّعب متاع اَلعسكر

Mots

natta نطّة « élan »

kif tetihou « en retombant » (text quand vous retombez) كيف تطيحوا

er-rejeline majmouaïne اَلرّجلين مجموعين « les pieds réunis » fi es-sema فِي ٱلسَّمَاء « en l'air » (text dans le ciel)

binathoum بِينَاتْهُمْ « entre eux »

khefîf خفيف « léger, souple »

kefaf خفاف « légers, souples »

talâ طلّعْ « lève »

harrab حرّب « il a fait l'exercice »

tennqize تنقيز « action de sauter »

barra برّا « dehors »

koull lâab كلّ لعْب « tous les jeux »

neqez نقّز « il a sauté »

techabet تشبّط « il a grimpé »

l'âbe لعب « il a joué »

iâni يعني « c'est-à-dire »

msabqa مسابقة « course »

rami رمي « lancement »

koura كورة « boule »

rekla ركلة « coup de pied »

jiha جهة « côté »

s'baq سبق « il a devancé »

tlouâ طلوع « action de monter après une échelle, etc. »

selloum سلّوم « échelle »

draïne ذراعين « bras »

hbel حبل « corde »

hbila حبيلة « ficelle, petite corde »

kourt el-jeld كُرة الجلد « ballon en cuir »

çafar صفّر « il a sifflé »

Version

باش يكونوا خفاف العسكر يخرجوا برّا

bache ikounou khfaf el-assker ikhourjou barra

يلْعبوا كلّ لعْب يعني المسابقة والرّمي متاع

ialeâbou koul laâb iâni el-msabqa ou er-rami mtâ

الكورة والتّنقيز والطّلوع في السّلوم و

el-koura ou et-tennguiz ou et-telouâ fi es-saloum ou

الطّلوع بذراعين في الحبل . كاينين الّي

et-telouâ bedderaïne fel habel. — kaïnine elli

يضْربوا كُرة الجلْد بالرّكلة كاينين أُخْرين يجْبدوا

idherbou kourt el-jeld berroûkla kaïnine ôkhrine ijebdou

الحبل بيناتهُمْ . كيف يصفّر الفسيان

el-habel binathoum. — kif içafer el-fessiane

ٱلعسكر يبطلوا ٱللّعب و يلبسوا فشّهم باش

el-assker ibatelou el-laâb ou ielbessou kachehoum bache

يحرّبوا بٱلسلاح

iharrabou be-slah.

Thème

Celui qui arrivera le premier aura une permission de minuit. Chacun tirera la corde de son côté. Montez à l'échelle. — Jouez au ballon — Grimpez à la corde. — Prenez de l'élan (faites de l'élan) avant de sauter. — Sautez de pied ferme. En retombant vous devez avoir aussi les (vos) pieds réunis. — Saute comme moi. — Lève les bras en l'air.

57e Leçon

LA GARDE DE POLICE

El-âssa mtâ el-bab اَلْعَسَّة مْتَاعْ اَلْبَابْ

Mots

khir	كبير	« supérieur, chef »	hkem	حكم	« il a commandé à »
kbar	كبار	« id. pl. »	kima	كما	« comme »

qdime قديم « vieux, ancien »

khefife خفيف « leste »

serjane el âssa سارجان العسّة « le sergent de garde »

klirou (du français) كليرو « clairon »

tambour (du français) طانبور « tambour »

guarita (du français) قَريطة « guérite »

khalef خلف « il a remplacé »

Qarti (du français) قَرْطي « quartier »

çouba (du français) صوبة « soupe »

dhrab ضرب « il a sonné, il a battu »

khala خلّى « il a laissé »

tafou mtâ édhou طفو متاع الضوء « extinction des feux »

el-âssa el-habta العسّة الهابطة « la garde descendante »

jdid جديد « neuf, nouveau »

irrôd balou يردّ بالو « attentif »

bouste (du français) بوسْط « poste »

koulounil (du français) كولونيل « colonel »

âïette عيّط « il a crié »

zga زقى « id. »

âssas عسّاس « sentinelle »

klab كلاب « chiens »

ouaçal وصّل « il a conduit »

âssa عسّة « faction »

ouçaïate وصايات « consignes »

el-âssa et-taleâ العسّة الطالعة « la garde montante »

sifil (du français) سيفيل « civil »

Version

يعيّنوا كلّ نهار ستّة والّا ثمانية وإلّا عشْرة

iâïnou koul nhar setta ou illa themania ou illa âchra

من ناس و معهمْ كَبْران وإلّا زوج و سارْجان

men nas ou maâhoum kabrane ou illa zouj ou serjane

يحكم فيهمْ الكُلّ ۔ كيف يصلوا للبوسط السّارْجان

iohkem fihoum el-koul. — kif ioucelou lelboust es-serjane

متاع آلعسّة آلقديمة يعطي للسارْجان متاع آلعسّة

mta el-âssa el-qdma iàtti lel serjane mtâ el-âssa

الجديدة الوصايات آلّي لازمين البوسط من بعد

ej-jedida el-ouçaïate elli lazmine el-boust men bâd

هذا آلشّيء آلعسكر الجداد يخلفوا مضارب آلعسكر

had echi el-assker ej-jeded ikhalfou mdhareb el-assker

آلقدم ه العسّاس آلّي قدّام الباب يردّ باله على

el-qdqm/el-assas elli qoddam el-bab irôd ballou âla

كُلّ شيء ه كيف يشوف الكولونيل داخل وإلا خارج

koull chaï. — kif ichouf el-koulounil dakhel ou illa kharej

من آلكرْتي يعيّط كما تقول آلشّريعة باش آلعسّة

men el-karti iaït kima tqoul echariâ bach el-âssa

تخرج تبايع بسلاح لهذاك الكبير

tekhroj tebaïâ besslah l'hadak el-kebir

Thème

Où est le clairon de garde ? Dites-lui de sonner (qu'il sonne) la soupe. La sentinelle devant la porte du quartier ne laisse pas entrer les chiens. Tambour bat l'extinction des feux. — Relevez cette sentinelle. — Accompagne ce civil au bureau du commandant. — A quelle heure as-tu pris la faction ? La sentinelle doit être attentive et leste. Que fait-elle quand elle voit venir le chef de corps ?

58e Leçon

AU BIVOUAC

Fel m'hatta & في المحطّة

Mots

houfra حفرة « trou »

guitoune ڨيطون « toile de tente »

guiatane ڨياطن « id. pl. »

âça mtâ el guitoune عصا متاع الڨيطون « support de tente »

moutheg	موثق	« piquet »
mouatheg	مواثق	« id. plu. »
h'bel	حبل	« corde »
h'bal	حبال	« cordes »
deqq	دقّ	« il a enfoncé »
jbed	جبد	« il a tiré »
r'kiza	ركيزة	« montant d'une tente d'officier »
qnaq	فناق	« étape »
bnâ	بنَى	« il a bâti »
men houm	منهُمْ	« d'entre eux »
daïr saïr bi...	داير ساير ب	« autour de.»
tedareq	تدرّق	« il s'est caché »
hass	حسّ	« bruit »
r'çaçe	رصاص	« balles » coll.
saguia	ساقية	« rigole, fossé »
balla	بالة	« pelle »
ballate	بالات	« pelles »
fass	فاس	« pioche »
fissâne	فيسان	« id. pluriel »
trâb	تراب	« terre remuée »
hfer	حفر	« il a creusé »
âllam	علم	« tracer, marquer »
âllama	علامة	« marque »
taïhou el guiatane	طيّحوا القياطن	« démontez les tentes »
talâou el guiatane	طلعوا القياطن	« montez les tentes »
hakdha	هكذا	« ainsi »
nou, metar	نوء، مطر	« pluie »
âdou	عدو	« ennemi »
chaï	شيء	« affaire, chose »

Version

خدمة ٱلعسكر في ٱلمحطّة

khadmet el-assker fel m'hatta

كيف يوصلوا للفناق ٱلعسكر يبنوا القياطن

Kif ioucelou lelqnaq el assker iebnou el guiatane

كلّ ستّة منهُمْ يبْنوا قيطون ۞ وقْت ٱلّي

koul setta menhoum iebnou guitoune. — ouqet elli

يخلصوا هذا الشّي يعملوا ساقية داير ساير

ikhalssou hada ech-chi iâmelou saguïa daïr saïr

بالقيطون ٭ هكذا إذا تصبّ النّو

bel-guitoune. — hakda idha tàçoub en-nou

الماء يجري فيها وما يقدر شي يدخل

el-ma ijri fiha ou ma iqder chi idkhoul

لهُمْ ٭ في بلَد العدو العسكر يحْفروا

lahoum. — fi blad el âdou el-assker iahfrou

و يبنوا قدّام قيَاطنهُمْ باش يتدرّقوا

ou iebnou qoddam guiatanehoum bach itadaraqou

عَلى الرّصاص

âla er-reçace

Thème

Tire la corde. — Enfonce bien le piquet. — Faites une rigole. — Ramassez les pierres. — Allez monter la tente du capitaine. — Faites un trou ici. — Mettez la terre devant la tente. — Où est ton support (de tente). — Prends une pioche ; prends une pelle. — Vous démonterez les tentes sans bruit.

59e Leçon

PENDANT LE COMBAT

وقْت آلّي يتكلّم آلبارود ouqt elli ietkellem el-bâroud

(text! « quand la poudre parle)

selk el-hadid	سلك	« fil de fer »	m'qace	مقص	« cisaille »
koullab	كُلّاب	« tenaille »	séguia	ساقية	« tranchée »
msamer	مسامر	« clous »	souagui	سواقي	« tranchées »

rarre غار « abri »
rirrane غيران « abris »
hacen حصن « fort »
bareli بغلي « mortier »
tartaqa طرطاقة « grenade à main »
iâni يعني « c'est-à-dire »
zarrab زرّب « il a entouré »
haçan حصّن « il a fortifié / il a barricadé »
sour سور « rempart »
assouar اسوار « id. pl. »

mechaouck مشوّك « épineux »
chekaïr mtá trab شكاير متاع التّراب « sacs à terre »
thoqba ثقبة « créneau »
thqob ثقب « créneaux »
lah لاح « il a jeté »
çaffara صفارة « sifflet »
rameq غامق « profond »
bel khafa بالخفّة « rapidement »

Version

في الحصن

fel hacen

في بلد العدو كيف العسكر يبطاوا في

fi blad el-âdou kif el-assker iabtaou fi

مضربهم يحصّنوا هذاك المضرب ، يبنوا

madhrebhoum ihacenou hadhak el-madhreb ; iabenou

داير ساير بهم اسوار بالحجر والبغلي باش ما

daïr saïr bihoum asseouar bel hajar ou el-barli bach ma

يفوت شي لهم الرّصاص ، يعملوا ثاني غيران

ifoute chi lihoum er-reçace. — iamelou thani rirrane

يحطّوا فيهم البارود ، برّا من الاسوار يحفروا

ihoutou fihoum el-bâroud. — bara men el-assouar iahfrou

سواقي غامقين و يزرّبوا داير ساير بسلك

souagui ramqine ou izarbou daïr saïr bisselk

ٱلمشوّك باش ٱلعدو ما يقدرشي يقرب لهُمْ.

el-mechaouck bach el-âdou ma iqder-chi iqareb lhoum. —

كيف يتكلّم ٱلبارود كلّ واحد يجري للمضربه

kif itakalem el-bâroud koul ouahed ijri l'madherbou

وإلّا لخدمته. كاينين ٱلّي يجروا بالصنادق

oualla lekhademtou. — kaïnine elli iejrou bcenadeq

متاع البارود يوصّلوهُمْ لصحابهُمْ ٱلّي

mtâ el-bâroud iouacelouhoum lcehabhoum elli

يرموا من ٱلثّقب متاع ٱلسّور. كاينين ٱلّي

iarmou men etheqob mtâ es-sour. — kaïnine elli

يلوحوا ٱلطّرطاقة من فوق ٱلسّور باش

ilouhou et-tartaqa men foug es-sor bach

تطرْطق علَى ٱلعدو

tetartaq âla el-âdou

Thème

Coupe le fil de fer avec la cisaille. — Mettez des sacs à terre à cette emplacement. — Barricadez bien la porte. — Enfoncez les piquets pour poser le fil de fer barbelé. — Placez ces caisses de munitions dans les abris. — Donne-moi des tenailles et des clous. — Au coup de sifflet chacun occupera rapidement son emplacement de combat. — Lancez des grenades. — Apportez vite une caisse de cartouches.

60e Leçon

EN RASE CAMPAGNE

El-harb fel khla اَلْحرب في اَلْخلاء

Mots

khla خلاء « campagne »
fâten فتن « il a combattu »
âdou عدو « ennemi »
fetenn فتن « combat »
ahlek اهلك « il a anéanti »
ihlek يهلك « il anéantit »

qassina قسمة « partie »

khatoua خطوة « un pas »

daf'â دفعة « poussée »

akhra آخرة « dernière »

jemiâ جميع « ensemble »

lih إليه « vers lui »

khaouef خوّف « il a terrifié »

îlla إلى « vers » (direction)

qouï قوي « violent »

çout صوت « voix »

seter rouhou ستر روحه « il s'est mis à l'abri. »

jaz جاز « il a franchi »

ouejdou rouah koum

وجّدوا ارواحكُمْ

« préparez-vous »

khafa خفة « vitesse »

jerria جرية « course, bond »

kheçouçane خصوصًا « surtout »

bâïd بعيد « loin »

fi had el-hala في هذه الحالة « dans cette condition »

el-qodame القدّام « en avant »

dala دالة « tour » (successivement)

zdame زدم « il s'est précipité »

qbala قبالة « directement »

harba حربة « baïonnette »

el-koul الكلّ « tout, tous »

memdoud ممدود « étendu »

kerche كرش « ventre »

krouche كروش « id. *pl.* »

erqod ارقد « couche-toi ! »

erqdou ارقدوا « couchez-vous ! »

darreq rôhek دّرق روحك « cache-toi » (⁂: cache ta personne)

bel ouahed بالواحد « individuellement »

madreb arïane

مضرب عريان

« endroit découvert »

Version

وقت الفتن في الخلاء العسكر كيف يقدموا

ouqet el-fetenn fel khla el-assker kif iqadmou

للعدو باش يهلكوه يمشوا قبالة قبالة

lel-âdou bach ihelkouh imchou qbala qbala

إليه ، ولاكن باش يقدّموا ما يروحوا شي

lih oulaken bach iqadmou ma irouhou che

في جرية واحدة خصوصنا إذا العدو ما زال

fi jaria ouahda kheçouçane idha el-âdou ma zâl

بعيد ، كيف يكونوا في هذه الحالة قسمة

baïd. — kif ikounou fi had el-hala qassma

منهم ترمي على العدو والأخرى تجري

menhoum tarmi alla el-âdou ou el-ôkhra tejri

للقدّام بثلاثين والّا بأربعين خطوة ،

lellqoddam bithelathine ou illa arbaïne khatoua —

يطيحوا على الأرض ممدودين باش

itihou alla el-ardh mamdoudine bach

يرموا كما الاوّلين ، كيف يقربوا له سوا

iarmou kima el-aouline, — kif iqarabou lou souâ

سوا يزدموا جميع عليه بالحربة وبالطرطاقة

souâ izdemou jemiâ âlih bel-harba ou bel tartaqa

Thème

Préparez-vous pour faire (nous faisons) un bond jusqu'aux arbres. — Tenez l'arme à la main (dans la main). — Cachez-vous (cachez vous-mêmes) derrière ces arbres. — Abritez-vous individuellement dans ce fossé. — Marchez droit devant vous. — Franchissez rapidement cet espace (cet endroit avec de la vitesse). — Le soldat doit toujours chercher à s'abriter (pour qu'il s'abrite). — Avancez individuellement (par un).

61e Leçon

L'INSPECTION DES TROUPES APRÈS LE COMBAT

تقليب المحلّة بعد البارود

Taqlib el-mhalla baâd el-bâroud

Mots

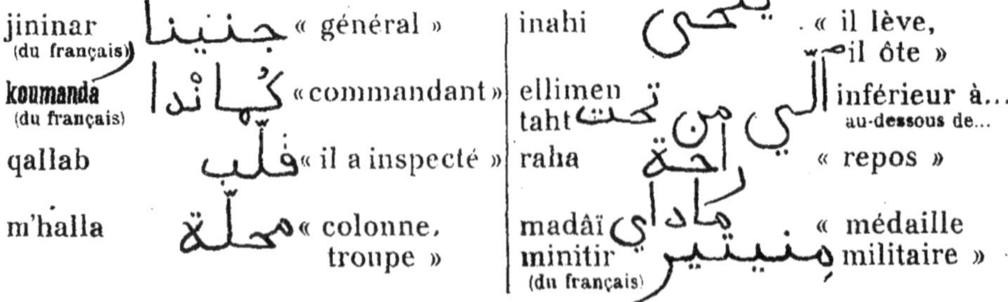

jininar (du français)	جنينا	« général »	inahi	ينحّي	« il lève, il ôte »
koumanda (du français)	كُمانْدا	« commandant »	ellimen taht	اللي من تحت	inférieur à... au-dessous de...
qallab	قلّب	« il a inspecté »	raha	راحة	« repos »
m'halla	محلّة	« colonne, troupe »	madâï minitir (du français)	مادّاي منيتير	« médaille militaire »

seba	سبّة	« motif »
kamel	كامل	« entier »
çaffaf	صفّف	« il a aligné »
kelli	كالّي	« comme »
fât	فات	« il a passé »
ifoute	يفوت	« il passe »
taâb	تعب	« fatigues »
hamel	حمل	« il a supporté »
chajiâ	شجيع	« courageux »
chejeâne	شجعان	« id. *pl.* »
chejaâ	شجاعة	« bravoure »
barek	بارك	« il a félicité »
ferhane	فرحان	« satisfait, content »
bikoum	بكُمْ	« de vous » (text avec vous)
h'dhar	حضر	« il s'est présenté »
m'âqba	معاقبة	« punition »
m'âqbate	معاقبات	« id. *pl.* »
habss	حبس	« prison »
koubania (du français)	كوبانيّة	« compagnie » (de soldats)
âmar	امر	« il a ordonné »
tacefif	تصفيف	« alignement »
hab	حبّ	« il a voulu, il a désiré»
frah	فرح	« il s'est réjoui »
biène rouhou	بيّن روحه	« il s'est montré » « il s'est distingué »
âla châne	على شان	« pour, concernant »

Version

شهرين كاملين ٱلعسكر كانوا في ٱلبارود

chahrine kemline el-essker kanou fel bâroud

ٱلجنينار ٱلّي يحكم في المحلّة شافهُمْ

el-jininar elli iohkoum fel-m'halla chafhoum

ٱليوم . فرح بٱلزّاف بِهُمْ عَلَى شان شجاعتهُمْ

el-ioume. — frah bezzaf bihoum âla châne chajaâthoum

وعَلَى شان لبستهُمْ ٱلمليحة

ou âla châne lebssethoum el mliha.

كيف قلّبهُمْ ٱلكُلّ نزل من ٱلعود

kif qallab houm el-koull, n'zell men el âoud

و علّق ٱلشّوايع للفسيانات و

ou âllague echouaïà lel fessianate ou

للعسكر ٱلّي بيّنوا اروا حهُمْ في ٱلبارود.

lel-assker elli biennou rouahoum fel bâroud.

امر بالّي يكون عنْدهُمْ يومين راحة

— âmer belli ikoun ândhoum ioumine raha.

Thème

Le général commandant la colonne (qui commande la colonne) tient à vous exprimer sa satisfaction (vous dit qu'il est content de vous) pour l'endurance dont vous avez fait preuve (pour les fatigues que vous avez supportées) pendant la campagne et pour votre belle conduite au feu dans les derniers combats (et pour votre bravoure dans le dernier bâroud).

Il lève toutes les punitions inférieures à huit jours de prison et accorde à toute la troupe trois jours de repos.

62e Leçon

L'OFFICIER DES AFFAIRES INDIGÈNES

fessiane birou arabe. فسيان بيرو عرب

Mots

daoura	دورة	« tournée »
hâqem	حاكم	« administrateur, celui qui commande »
houkâme	حكّام	« id. *pl.* »
n'ched	نشد	« il a interrogé »
ahoual	احوال	« situations, état »
cherôl	شغل	« occupation, travail »

harth حرث « labour »

zeraâ زراعة « semailles »

qatel قاتل « assassin »

saraq سارق « voleur »

baâth بحث « enquête »

khebar خبر « nouvelle »

bihessab el-hal بحسب الحال « selon la circonstance »

r'jâa رجع « il est retourné »

ma kane hatta chi ماكان حتّى شي « il n'y a rien »

goum قوم « partisans »

hkem حكم « il a commandé, administré »

s'âïa سعاية « bétail »

mar'reâ مرعة « pâturage »

chikaïa شكاية « plainte »

echtaka أشْتكى « il s'est plaint »

ache kane أش كان « quoi de nouveau?

iechtki يشْتكي « il se plaint »

dabar دبّر « il a conseillé »

qtila قتيلة « meurtre »

sârqa سرقة « vol » (larcin)

akhbar اخبار « nouvelles »

saâ âla saâ ساعة عَلَى ساعة « de temps en temps »

ach halek أش حالك Comment vas-tu ? »

ach halkoum أش حالكُمْ Comment allez-vous ? »

faïne rak machi فاين راك ماشي « Où vas-tu ? »

ache asmek أش اسمك « Quel est ton nom ? »

men aïne jit من اين جيت « d'où viens-tu ? »

es-salam âlikoum السّلام عليكُمْ « je vous salue » (le salut sur vous)

men aïna blad anta من اين بلد أنْتَ « de quel pays es-tu ? »

Version

ساعة عَلَى ساعة فسيان بيرو عرب يعمل

saâ âla saâ fessiane birou ârabe iâmel

ذورة عَلَى العوه ٭ يروح معه واحد من

daoura âlel-âoud. — irouh maâ ouahed men

ٱلقوم وإلّا زوج والّا ثلاثة بحسب ٱلحال ٭

el goum ou illa zouje ou illa thelatha bi-hessab el-hal. —

يروح يشوف الناس آلّي يحكم فيهُمْ ٭

irouh ichouf en-nass elli iohkem fihoum. —

ينشد هُمْ عَلَى احوالهُمْ وعَلَى شغلهُمْ

inechcd houm àla ahoual-houm ou âla achralhoum. —

يعني عَلَى الحرث والزّراعة عَلَى ٱلسّعاية

iâni âla el harth ou ez-zeràa âla es-sâïa

والمرعَى ٭ الناس آلّي عندهُمْ شكاية يشْتكوا

ou el-mar'â. — en-nass elli andehoum chikaïa ichtekou

له وهُوَ يدبّر عليهُمْ ٭ كيف تكون قتيلة

lahou ou houa idabar âlihoum.—kif tkoune kqtila

والّا سرقة يعمل بحث كبير باش يصيب

ou ella sarqa iàmel bahth kbir bach icibe

القاتل وإلا ٱلسّارق

el-qattel ou illa es sarq. —

Thème

Appelez-moi le caïd. — Il n'est pas là; il est allé au marché. — Allez me chercher l'homme qui est venu se plaindre hier. — Revenez dans quatre jours. — Y a-t-il des sources dans ce pays? — C'est bien ; demain je ferai l'enquête. — Nous serons au douar à huit heures du matin.

TABLE MÉTHODIQUE DES MATIÈRES

Première partie

Deuxième partie

www.ingramcontent.com/pod-product-compliance
Ingram Content Group UK Ltd.
Pitfield, Milton Keynes, MK11 3LW, UK
UKHW022057260726
13993UKWH00001B/179

9 782329 201832